‖ 生活在古代文明 ‖

古希腊
生活在奥林匹斯山下

[英]诺曼·班克罗夫特·亨特 编

赵蓓 译

上海科学技术文献出版社

目　录

引言

历史上的时间点　6
民主的萌芽　7
地貌与气候　9
希腊简史：公元前 2600 至公元前 146 年　10
大事年表　12

第一章　众神与英雄之地

创世之初　14
奥林匹斯神　16
希腊英雄　18
神谕和神秘的祭祀仪式　20
德尔斐一日游　22
希腊神庙　24
泛雅典娜节　26
死亡与冥界　28

第二章　陆地和海洋生活

土地所有权　30
希腊农业年　32
为了寻找耕地进行殖民扩张　34
物产丰饶的海洋　37
餐桌上的美食　38
葡萄酒和宴会　40

第三章　家庭生活与生产生活

家庭生活——女性的地位　42
结婚与离婚　44
生育与教育　46

男孩的教育　48
体育训练营和军事训练　50
雅典商人之家　52
古希腊人的服饰　54
古希腊手工艺之陶器　56
古希腊手工艺之雕塑　58
古希腊手工艺之金属匠人　60
古希腊手工艺之木工与建筑　62

第四章　和平与战争

城邦中心——露天集市　64
货币的出现推动了贸易发展　66
贸易与交通运输　68
古希腊的政治特色——民主制度　70
民主制度下的公民责任　72
体育运动——备战训练　74
维护世界和平——奥林匹克运动会　76
霍普莱特奔赴战场　78
战斗中的军队　80
古希腊海军　82

第五章　文化与科学

文学与思想的发展　84
哲学与医学　86
科学家和发明家　88
古希腊剧院一日游　90

附录　术语表　94

古希腊：生活在奥林匹斯山下
历史的时间点

引 言

民主的萌芽

古希腊悠久而辉煌的历史为人类留下了无数绚烂的艺术及文学遗产。字母表的发明让精妙的散文和诗歌得以发展，并因此产生了情节复杂的戏剧。古希腊的雕塑家塑造出了第一尊逼真的雕像，将西方艺术推上了巅峰。古希腊的建筑师创造出的独特公共建筑风格一直延续至今。古希腊人还发明了货币作为贸易支付手段。在所有古希腊人的伟大贡献中，最重要的是他们创造出了一种今天被我们称之为"民主"的政治制度。多亏了古希腊人，人民的声音和意愿才得以在政府中居于首位。

古希腊：生活在奥林匹斯山下

地貌与气候

鲜有其他古代文明像古希腊一样深受地理环境的影响。希腊四分之三是山地,适宜耕种的土地不到国土面积的五分之一。

1. 尼科波利斯
2. 奥林匹亚
3. 皮洛斯
4. 斯巴达
5. 埃皮达鲁斯
6. 色麻姆
7. 帕特雷
8. 德尔斐
9. 塞莫皮莱
10. 伊奥柯斯
11. 哈尔基斯
12. 马拉松
13. 雅典
14. 科林斯
15. 迈锡尼
16. 阿尔戈斯
17. 梯林斯
18. "意大利之靴"
19. 科孚
20. 凯法利尼亚岛
21. 赞特
22. 塞西拉岛
23. 爱奥尼亚海
24. 克里特海
25. 科林斯湾
26. 埃维亚岛
27. 爱琴海
28. 奥林匹斯山

古希腊大多数适宜农耕的土地都位于沿海平原地区及伯罗奔尼撒半岛的一些地区。在人口稀少的山区,社区之间几乎彼此隔绝,距离人口相对密集的沿海地区非常遥远。这种地域之间的相对独立导致了各地区社会文化的巨大差异。

古希腊的气候进一步加剧了地区间的交流不畅。在严寒的冬季,山路被积雪隔断,相邻山谷之间几乎每年都有几个月完全断绝通信往来。而春天积雪消融又会导致山间小路变得泥泞不堪,根本无法通行。

由于牧地稀少,色萨利大平原是唯一可以养马的地方。因此,色萨利人成为骁勇的骑兵,而古希腊其他大部分地区无论是出行还是打仗都只能靠步行。

位于伯罗奔尼撒半岛的欧罗塔斯河谷的斯巴达腹地土地肥沃,周围环绕着拉基达蒙峭壁。由于其优越的地理条件,斯巴达人发展成为一个自傲且高度独立甚至专横的族群。随着人口的不断增长,他们对古希腊其他地区的侵略性也越来越强。

雅典几乎被海洋包围,依托海湾作为其天然的屏障,发展成为以航海为生的民族。尽管许多其他沿海城市也将海洋作为与外界交流的主要途径,但该地区的物资运输几乎完全被雅典商人控制着。

我们从希腊地图上可以看到众多狭长的陆地和岛屿。因此,古希腊人成为地中海地区继腓尼基人之后最具冒险精神的海洋民族也就不足为奇了。希腊本土土地贫瘠,这迫使许多古希腊人离开了他们的陆上家园,到海外寻找宜居的土地。这些人后来在爱琴海群岛,即小亚细亚海岸(现代土耳其)、西西里岛及意大利南部地区定居,有的甚至到达了法国南部地区。在几个世纪里,古希腊人与腓尼基人一直争夺着对于西西里岛的控制权。

希腊简史：公元前2600至公元前146年

古希腊由许多小而独立的城邦组成。城邦间持续不断的战争阻碍了国家的统一和发展，从而削弱了国家的整体实力，最终导致了整个希腊遭受外敌的威胁。

石器时代，希腊大陆上很早就有远古部落建立起了原始的城市定居点。克里特岛上曾经出现过一个伟大的青铜时代文明，被称为"米诺斯文明"（Minoan）。该文明以克诺索斯的城市宫殿为中心，繁荣于公元前2600至公元前1250年时期。爱琴海南部许多地区都曾受其影响。

公元前1628年后，由于一系列毁灭性打击，克里特文明开始走向衰落。首先，塞拉火山岛（现代圣托里尼）的火山喷发引发的巨浪冲击了克里特岛北岸；其次，与邻近的迈锡尼人之间的战争几乎耗尽了社会财富；接下来是后来袭击了古埃及的海洋民族的入侵；最后，多利安人对米诺斯文明造成了致命的打击，最终导致了该文明的衰落。

特洛伊人的胜利

罗马人声称自己是特洛伊幸存者的后裔。当年他们的城市被希腊人摧毁之后，一部分特洛伊人逃到了意大利。讽刺的是，1100年后，罗马人却带着"特洛伊木马"重回希腊，窃取希腊人的自由果实。

迈锡尼英雄

迈锡尼人（得名于该民族的主要定居地——迈锡尼）是公元前1900至公元前1600年移居希腊的印欧人。迈锡尼人凭借他们的马匹和青铜技术很快让分散在各个地区的希腊人成为他们的臣民。

当时的斯巴达、底比斯、雅典和皮洛斯等大多数城市都发源于迈锡尼文明，其中最重要的是皮洛斯城。迈锡尼是曾经带领希腊人横渡爱琴海与特洛伊交战的希腊国王阿伽门农的故乡。荷马所著的《伊利亚特》中记载的与这场战争有关的传奇英雄还有阿基里斯、阿贾克斯和奥德修斯等等。公元前1200年左右，特洛伊城沦陷时迈锡尼文化正处于鼎盛时期。此时已经出现了一种早期的希腊文字。

曾经摧毁了米诺斯文明的海洋民族也被认为是导致迈锡尼文明覆灭的罪魁祸首。当时还有另一支被称为"多利安人"（Dorian）的入侵者。他们可能是海洋民族或印欧民族的另一个分支。到了公元前1100年，希腊在多利安人的统治下陷入了"黑暗时代"。

黑暗时代

古希腊的黑暗时代持续了300年左右。这一时期，希腊在"野蛮的"多利安人的统治下，退化为由一个个小定居点拼凑而成的神秘而荒蛮的土地。

到了公元前800年左右，希腊的国家局势趋于稳定，贸易得到了恢复，许多小而独立的城邦开始崛起。新的冶铁技术改进了农业工具及武器。农业因此得到了迅猛发展，让附近的城镇也从中受益，城市也小心地维护着邻近的乡村。公元前800到公元前500年之间通常被称为"古风时期"。

这也是古希腊人开始大举向黑海沿岸、西西里岛和意大利南部地区以及北非沿岸地区进行殖民扩张的时期。殖民地的开拓促进了贸易的发展。财富的迅速积累催生了希腊历史上的"古典时期"。

战争与政治的发展

古希腊语中"城市"意为"城邦"（polis）。城邦通常以大都会为"母城"，而"政治"（politics）指的就是管理城邦的事务。当时大多数希腊城市仍然在军阀的统治之下，但雅典人努力尝试其他类型的政治模式，比如由贵族选举出的议员进行统治的"寡头政治"（Oligarchy）。有时，贵族们会从议员中挑选出一个人来实施统治，称之为"僭主"（tyran）。

然而，权力的集中激怒了越来越多富裕阶层的公民。他们在政府中没有发言权，但却必须为与其他城邦间不断爆发的小规模战争提供人员和武器。

下图：图中重现了公元前13世纪巅峰时期的迈锡尼城。位于城市中心的大型建筑是中央大厅，即宫殿的正殿。迈锡尼的建筑用巨石建造，后来的希腊人称此种风格为"巨石式"。他们认为人类根本无法举起如此重的石块，这座城市是由独眼巨人建造的。

到了公元前510年，内乱和与斯巴达的战争最终点燃了民众的怒火。除了斯巴达仍然保留了国王，其他希腊城邦都采用了"民主制度"，即"由人民实施对国家的统治"（见70-73页）。

与波斯的战争

公元前490年，希腊遭到了在大流士一世统治下不断对外扩张的波斯帝国的入侵。由于雅典曾与斯巴达交恶，此时的雅典只能独自面对波斯人的威胁。在马拉松战役中，一支由一万名雅典人组成的军队成功击败了两倍于自己的波斯人的进攻。

公元前486年，大流士去世。他的儿子薛西斯忙于处理埃及事务无法抽身，直到公元前480年才率领着一支庞大的军队进攻希腊。这一次，斯巴达派出了300名士兵投入到战斗之中。他们在温泉关（Thermopylae，又称塞莫皮莱关口）坚守了几天几夜，最终被波斯军队击溃。他们的顽强抵抗为雅典准备舰队争取了宝贵的时间。在萨拉米海战中，雅典击溃了波斯人，并从背后给予敌军致命的一击，最终打败了波斯军队。意识到胜利在望，所有的希腊国家此刻都加入到了抵抗波斯的战斗中，最终在公元前479年的普拉提亚战役中击败了薛西斯。

雅典和希腊的陷落

此后，雅典成为希腊的第一大城市，用它的财富建造了包括帕特农神庙在内的许多精美的寺庙和公共建筑。但好战的斯巴达人一直对它的对手耿耿于怀，于公元前431年发动了伯罗奔尼撒战争。这场战争一直持续到公元前404年，希腊的大部分城市几乎都被拉入了双方的阵营。最终，雅典被斯巴达强大的军事力量所征服，从此走向衰落。

这场战争摧毁了希腊，为马其顿的崛起铺平了道路。在腓力二世和他的儿子亚历山大的统治下，马其顿征服了希腊。亚历山大又征服了波斯帝国，建立起"希腊王国"。公元前323年，亚历山大大帝去世之后，帝国统治也开始分裂。接下来的权力斗争加剧了古希腊的衰落，最后就连马其顿也无法抵抗一股来自地中海的新势力——古罗马人。

古罗马人为了报复腓力五世曾经支持迦太基将领汉尼拔抗击罗马，于公元前171年入侵了希腊。到了公元前146年，希腊被罗马人完全统治，从此沦为古罗马帝国的一个省。

古希腊：生活在奥林匹斯山下

大事年表

公元前	3000	2000	1500	1000	800
人物与文化	• 基克拉底斯群岛上出现早期文明。	• 公元前2000年左右，建于克里特岛的大王宫，其中最重要的是克诺索斯王宫。前1700年，"A类线形文字"开始使用。 • 公元前1500年演变为"B类线形文字"。 • 公元前1628年左右，塞拉火山喷发导致克诺索斯陷落。 • 约公元前1900至前1600年，迈锡尼人在希腊大陆建立起青铜文明。	• 从东方引入冶铁术。 • 约公元前1500年，迈锡尼文明建立殖民地，城市周围修建起巨大的"巨石式"城墙。 • 绘制了伟大的锡拉岛壁画。	• 在多利安人的统治下，希腊沦为一个个小型定居点。 • 相继在米利都、爱奥尼亚等地建立起希腊殖民地。	• 出现希腊字母。 • 荷马和赫西奥德奠定了希腊文学基础。 • 黑暗时代之后，希腊大陆人口迅速增加。 • 约公元前750年，陶器和祭祀雕像上出现几何装饰图案。 • 约公元前776年，举行第一届奥运会。 • 出现第一座石头建造的神庙。
主要时期	青铜时代	迈锡尼文明 米诺斯文明		黑暗时代	古风时期
军事与政治			• 约公元前1250年，米诺斯文明被海洋民族覆灭。 • 约公元前1200年，希腊联军将特洛伊夷为平地。 • 约前1100年，迈锡尼文明被海洋民族和多利安入侵者毁灭。		• 约公元前700年，希腊南部国家采用有组织的霍普莱特方阵战斗系统。

克里特岛上的克诺索斯蓝色海豚壁画

"黑暗时代"末期的一个勇士形象。

一个公元前13世纪迈锡尼花瓶的碎片，其中描绘了头戴典型的带角头盔和圆角盾牌的战士形象。

约前1500年的一个金面具。发现这个珍宝的考古学家认为它刻画的是带领希腊人摧毁了特洛伊的阿伽门农国王。

引 言

600	500	400	300	200	100	公元

- 希腊硬币开始出现。
- 城邦权力增加。
- 出现第一座男孩（Kourai）和女孩（Korai）的雕像。
- 陶器上第一次出现黑色人物装饰图案。
- 雅典引入了有剧情的合唱剧。

- 约公元前490年，埃斯库罗斯推出了第一部书面戏剧。
- 伯里克利时代。
- 涌现出大批思想家和作家。他们包括：欧里庇得斯、希罗多德、苏格拉底、修昔底德、阿里斯托芬、柏拉图和亚里士多德。
- 陶器上第一次出现红色图案装饰。
- 在奥林匹亚建造宙斯神庙。

- 雕刻家普拉克西特利斯以其栩栩如生的作品震惊世人。
- 建造哈利卡纳苏斯陵墓。

硬币刻画了头戴埃及神阿蒙公羊角的亚历山大头像。

- 在帕加马建造了宙斯的祭坛。
- 被称为"米洛维纳斯"的雕像代表了新古典主义风格的巅峰。
- 在萨莫色雷斯岛出现希腊胜利女神雕像。
- "希腊式巴洛克"风格传到纳巴泰王国的首都佩特拉。*

- 古希腊文学、哲学、雕塑和建筑开始影响古罗马人。
- 约公元前184年，尽管憎恨希腊化的影响，但执政官波尔基乌斯·加图（即老加图）在罗马建造了第一座希腊风格的大教堂。

雅典的雄辩家狄摩西尼痛斥亚历山大。

- 公元前46年，希腊散文作家和历史学家普鲁塔克生于底比斯附近。

古典时期 —— **希腊化时期** —— **罗马帝国**

- 雅典开始实行民主制度。
- 斯巴达引发伯罗奔尼撒战争。

雅典同盟国在奥林匹亚宙斯神庙附近建造了胜利女神雕像，用以庆祝他们在斯帕克里特战役中击败了斯巴达人。

- 在大流士一世（前490年）和薛西斯一世（前480年）统治下的波斯入侵被击退。
- 公元前464年，斯巴达奴隶起义。
- 前461—前451年，开始伯罗奔尼撒战争的第一阶段。
- 前431—前404年，开始伯罗奔尼撒战争的第二阶段。
- 公元前425年，雅典在斯帕克里特亚击败斯巴达。
- 公元前418年，斯巴达解散希腊联盟。
- 公元前411年，雅典舰队被一个反抗雅典的岛国希俄斯击败。
- 公元前404年，被围困的雅典向斯巴达投降。

- 雅典复兴。
- 前395—前386年，雅典和科林斯在科林斯战争中共同抗击斯巴达。
- 公元前359年，腓力二世在马其顿掌权。
- 公元前338年，马其顿在喀罗尼亚击败雅典和底比斯。
- 公元前336年，亚历山大接替腓力，并遵照其遗嘱再次入侵希腊。
- 公元前334年，亚历山大征服小亚细亚。
- 约公元前331年，亚历山大征服埃及，并发现亚历山大城。
- 公元前323年，亚历山大在巴比伦去世，留下一系列交战中的希腊化"继承国"。

- 托勒密、塞琉古和安提柯的继承者们争夺小亚细亚、色雷斯和希腊的控制权。
- 凯尔特-高卢人于公元前279年入侵希腊，后来在小亚细亚的加拉太定居。
- 前214—前205年和前200—前196年爆发马其顿战争，加剧了罗马对于给该地区的影响。

- 公元前171年，罗马向马其顿宣战，以报复其对汉尼拔的支持。
- 公元前168年，马其顿成为罗马的附庸国。
- 公元前147年，阿契亚联盟反对罗马介入阿卡亚战争。
- 公元前146年，罗马军队击败底比斯和雅典的联盟军队，然后向科林斯进军并摧毁该城；阿卡亚联盟解散，希腊宣布成为罗马的一个省。

亚历山大大帝的父亲，马其顿王国腓力二世雕像的头部。

- 公元前88年，米特拉达梯六世国王在小亚细亚剿灭八万罗马人，将希腊南部大部分地区从罗马人的统治下解放出来。
- 公元前86年，罗马将军苏拉击败米特拉达梯，焚烧雅典，洗劫了希腊神殿，并索要战争赔偿。
- 公元前42年，在马克·安东尼的协助下，恺撒的养子屋大维在马其顿击败了共和军。此后，安东尼在雅典建都。
- 公元前30年，埃及托勒密王朝最后一位女王克娄巴特拉（埃及艳后）死后，埃及沦为古罗马的一个行省。

---

*译者注：纳巴泰王国（The Kingdom of Nabatea）：公元前4世纪到106年间在现代约旦地区发展起来的强大王国，其首都位于佩特拉（Petra）。

第一章
众神与英雄之地

创世之初

在真实的希腊历史被记录下来之前，有一段古希腊众神及英雄与凡人共存的黄金时代。

在世界诞生之前，宇宙唯有一片混沌（Chaos）。诸神之母盖亚（Gaia）出现在这混沌之中。她孕育了许多泰坦巨神（Titans）。他们一直掌管着世界，直到被宙斯所取代。盖亚独自诞下了天空之神乌拉诺斯（Uranus），泰坦巨神之一。后来，她与乌拉诺斯生下了许多孩子，其中包括瑞亚（Rhea）和克洛诺斯（Cronus）。克洛诺斯后来打败了乌拉诺斯，并接替他掌管宇宙。

克洛诺斯和瑞亚生了许多孩子。他担心自己的地位不保，在这些孩子出生的时候就把他们统统吃掉了。瑞亚偷偷用石头替换了刚出生的宙斯，诱骗克洛诺斯吃下。宙斯长大后战胜了自己的生父克洛诺斯，迫使他吐出之前吃下的所有兄弟姐妹，然后将克洛诺斯以及其他的泰坦巨神驱逐到了冥界。

其他重要的泰坦巨神

盖亚所生的泰坦巨神还有海洋之神欧申纳斯（Oceanus）和他的妹妹泰西斯（Tethys）。他们共同孕育了地球上的河流和3 000个水泽女仙。盖亚的另一个儿子许珀里翁（Hyperion）娶了他的妹妹光明女神忒亚（Theia），生下了太阳神赫利俄斯（Helios）、月神塞勒涅（Selene）和黎明女神厄俄斯（Eos）。

另一个泰坦巨神伊阿珀托斯（Iapetos）娶了一位水泽女仙为妻，生下了先知者普罗米修斯（Prometheus）、后知者厄庇墨透斯（Epimetheus）、墨诺提俄斯和阿特拉斯（Atlas）。与他的兄弟不同，阿特拉斯在克洛诺斯与宙斯的战争中站在克洛诺斯一方，后来遭到宙斯降罪，惩罚肌肉发达的阿特拉斯背负着整个地球。宙斯随后命令普罗米修斯和厄庇墨透斯创造了人类。

打败了泰坦诸神之后，宙斯成为众神之主。在奥林匹斯山的云端，宙斯在另外11位奥林匹斯神（如神谱所示，后面列出了他们各自在神谱中的地位）的协助下统治着整个世界。

天空诸神

虽然这些古希腊创世神话都出自人类的想象,但它们也映射出某些现实。以宙斯为代表的奥林匹斯神(天神)接替了泰坦巨神(地神)的统治权,揭示了史前希腊社会的重大变化。希腊早先的原始土著崇拜母系统治的地神。公元前1100年从北方入侵的印欧多利安人崇拜由父系控制的"奥林匹斯"天神。

后来,古希腊作家通过重组万神殿诠释了这一变化。他们说,宙斯和他的兄弟哈迪斯、波塞冬通过抽签的方式决定谁将成为诸神之主。最后,宙斯获胜并成为天空之神;波塞冬成为海洋之神;哈迪斯来到冥界掌管死者。

从那时起,宙斯的兄弟姐妹以及他的孩子们共同组成了奥林匹斯十二主神。宙斯与自己的姐姐也是他善妒的妻子赫拉和其他众多女神及仙子,生下了许多孩子。

善妒和易怒的神

希腊人认为天神们居住在神圣的奥林匹斯山上,并以此为他们命名。然而,这个家庭充满了猜忌和嫉妒。在古希腊神话中,奥林匹斯诸神总是互相争斗,并且常常通过凡人来解决他们之间的矛盾。

神与人私会既为人类带来了好处,同时也带来了巨大的危险,因为接受了神的恩惠的人几乎都会因此激怒另一位神或女神。例如特洛伊战争期间,宙斯支持希腊人,而阿波罗偏袒特洛伊人。再如在奥德修斯的返乡之途中几乎能够见到所有神的身影。

在关于希腊诸神的描写中不乏阴谋和背叛,这足以让我们看到他们并不都是仁慈的神,他们身上也具备了人类所有常见的恶行。鉴于诸神喜怒无常且暴躁易怒的本性,希腊人为他们建造神殿更多的是为了取悦神,并非为了追随这些神圣榜样。

希腊众神的起源

卡俄斯(混沌)
- 盖亚(诸神之母)
- 厄洛斯(爱神)
- 塔尔塔罗斯(地狱的创造者)
- 厄瑞波斯(黑暗之神)

泰坦巨神:
- 与乌拉诺斯(天之神)
- 乌瑞亚(山之神)
- 蓬托斯 与 盖亚(海之神)

子代:
- 库克罗普斯(独眼巨人)
- 赫卡通切尔斯(百头神)
- 克洛诺斯 与 瑞亚(时间之神/第二任神后)
- 科俄斯(思想之神) 与 福柏(月神)
- 欧申纳斯 与 泰西斯(大洋之神/海之女神、养育女神)
- 伊阿珀托斯 与 克吕墨涅(人类之祖/水泽女仙)

- 赫斯提亚(健康和家庭女神)
- 哈迪斯(冥王)
- 波塞冬(海洋、马匹、和地震之神)
- 德墨忒尔(农业、谷物、丰收女神)
- 宙斯(神王、宇宙、婚姻、雷霆之神) 与 赫拉(天后、婚姻、生育女神)
- 莱托(温柔女神) 与 宙斯
- 宙斯与狄俄涅
- 阿特拉斯(先知者)
- 普罗米修斯
- 厄庇墨透斯(后知者) 与 潘多拉

- 珀耳塞福涅(冥后,春天女神)
- 赫卡忒(巫术女神)
- 雅典娜(没有生母,从宙斯裂开的头颅出生,出生时即身披战袍)
- 阿瑞斯(战争、风暴之神)
- 赫柏(青春女神)
- 赫菲斯托斯(火神、金属工匠之神)
- 阿波罗(预言、艺术、治疗之神)
- 阿尔忒弥斯(狩猎、野兽之神)
- 阿弗洛狄忒(爱情、欲望女神,罗马神话中名为"维纳斯")
- 玛雅 与 宙斯
- 赫耳墨斯(信使)
- 宙斯 与 塞梅尔(凡人)
- 狄俄尼索斯(复活之神、酒神)

古希腊：生活在奥林匹斯山下

奥林匹斯神

希腊诸神的数量惊人，他们关系到人们生活的方方面面。以下简单介绍了一些主要的奥林匹斯神。书中也出现了一些次要的神，并附有简短的介绍。

赫拉（Hera）：婚姻及生育女神

宙斯的妻子。赫拉是一位嫉妒心极强的女神，她憎恨每一个与丈夫有染的女人，她利用手中的权力和地位对情敌和她们的孩子进行报复。宙斯经常背着她出去偷情。他将自己的私生子们藏匿起来，或者将他们变成动物以逃避赫拉的残害。

波塞冬（Poseidon）：海神、地震之神

作为海洋之神，水手们常常向他祈祷，希望航行顺利。但他并不总是一位可靠的神，当波塞冬心情不好时，便用手中的三叉戟撞击地面引发地震和风暴，导致船只沉没。波塞冬有许多孩子，其中包括人鱼特里同（Triton）和长着双翼的飞马珀加索斯（Pegasus），另外据说雅典国王忒修斯（Theseus）也是他的儿子。

雅典娜（Athena）：战争、智慧、艺术、正义女神

据说宙斯担心他的第一任妻子——智慧女神墨提斯（Metis）生出的孩子将会让自己地位不保，因此吃掉了墨提斯。墨提斯在宙斯的腹中为女儿做了一件斗篷和一顶头盔。墨提斯的锤击使宙斯痛苦得不断呻吟。后来，他让儿子——火神赫菲斯托斯（Hephaestus）劈开了自己的头颅，雅典娜从他裂开的头颅中诞生了。她穿戴着墨提斯亲手为她做的长袍和头盔，已然长成了一位体态婀娜的女神。

传说雅典娜曾经与伯父波塞冬争夺一座城池。波塞冬为城中的人们造了一口井，但井中涌出的苦涩海水根本无法饮用。雅典娜送给人们一棵橄榄树，它可以向居民提供橄榄油、木材和食物。雅典娜因此获胜，人们以她的名字命名了这座城市——雅典。

阿波罗（Apollo）：音乐、预言、医学、诗歌之神

阿波罗是太阳神赫利俄斯（Helios）的化身。他还是瘟疫之神。根据荷马的《伊利亚特》中的描述，阿波罗曾经在特洛伊战争中向希腊营地射出让人感染瘟疫的箭。他最知名的祭祀场所位于德尔斐。他曾经在此杀死了一条名叫"巨蟒"（Python）的龙，随后占据了德尔斐。后来他将自己的圣所赐予祭司皮提亚（Pythia），并赋予她神的力量。在这之后，人们常常向祭司皮提亚祈求阿波罗神谕。医神阿斯克勒庇俄斯（Asclepius）（见第86页）是阿波罗的儿子之一。

阿尔忒弥斯（Artemis）：狩猎、野生动物、生育女神

她的主要任务是在女侍们的陪伴下到森林里猎杀狮子和其他猛兽。她手持赫菲斯托斯制作的弓和箭。阿尔忒弥斯毫不留情地惩罚那些胆敢冒犯她的人。传说曾有一位年轻的猎人不小心看到阿尔忒弥斯和她的侍女们在水池中洗澡，她立刻将其变成了一头雄鹿，并放出他自己的猎犬，猎犬将他当作一头雄鹿，猎杀了自己的主人。

第一章 众神与英雄之地

赫耳墨斯（Hermes）：神的传旨者和信使

赫耳墨斯也是文学、度量衡、商人、牧羊人、运动员、小偷和旅行者的保护神。他还负责管理道路和地界。因此，十字路口和边界的标志石被称为"Herms"。雅典人将其摆放在屋外镇宅辟邪。作为神的传旨者和信使，他还负责将死者的灵魂导向冥界，并且在人们熟睡时将美梦带给世人。

赫菲斯托斯（Hephaestus）：火神、金属工匠之神

赫菲斯托斯是所有工匠的守护神，尤其是那些制作金属的工匠。所以，他也是火神。由于生来残疾，他又被称为"瘸神"（the lame god）。赫菲斯托斯为其他神和英雄们制造了许多武器和盔甲，宙斯掷出的霹雳也是他造的。他还制造了太阳战车，太阳神赫利俄斯每天驾着它穿过天空。

阿瑞斯（Ares）：战争与破坏之神

与外貌丑陋但心地善良的弟弟赫菲斯托斯相反，英俊的阿瑞斯狂妄而残暴。他嗜血、酷爱杀戮，对于战争的结果毫不关心。诸神就像憎恶冥王哈迪斯一样憎恶战神阿瑞斯。

阿弗洛狄忒（Aphrodite）：爱情、欲望和美丽女神

阿弗洛狄忒是一位绝世美女，宙斯为了掌控她，将她嫁给了心智最坚定的神——赫菲斯托斯。阿弗洛狄忒迷人活泼，不愿成为辛勤劳作的赫菲斯托斯的妻子。许多神和凡人都爱慕着她，古希腊很多地方都有为她修建的神庙，人们每年都会举办专为纪念她的庆典——阿弗洛狄忒节。关于阿弗洛狄忒的传说与美索不达米亚的远古生育女神伊斯塔（Ishtar）有着许多关联。

赫斯提亚（Hestia）：炉火、家庭生活之神

赫斯提亚发誓要保持处女之身。她没有获得神权，只负责照管奥林匹斯殿堂里的圣火，地球上的每一个壁炉都是她的祭坛。她也是奥林匹斯诸神中最温柔的一位。罗马人称她为"维斯塔"（Vesta）。

哈迪斯（Hades）：亡灵和冥界的统治者

哈迪斯头戴一顶可以隐身的头盔。他在冥河摆渡人卡戎（Charon）和三头猎犬塞伯拉斯（Cerberus）的辅助下统治着冥界。因为每个人的财富最终都将归于哈迪斯之手，因此他又被称为"最富有者"（the Rich One）。哈迪斯也是最不受欢迎的神，甚至被众神唾弃。他从天界绑来了珀耳塞福涅（Persephone）做他的妻子。

希腊本土主要的神庙和圣殿

奥林匹斯山（宙斯及奥林匹斯诸神神庙）
多多娜（宙斯神庙）
帕加马（雅典娜神庙）
莱斯沃斯岛
德尔斐（阿波罗神庙）
勒巴狄亚（特洛佛尼乌斯）
尼米亚（宙斯神庙）
尼琉西斯（德墨忒尔神庙）
克拉罗斯（阿波罗神庙）
奥林匹亚（宙斯神庙）
伊斯米亚（波塞冬神庙）
提洛岛（阿波罗神庙）
迪迪马（阿波罗神庙）
罗得 林得斯（雅典娜神庙）
特洛佛尼乌斯（列巴迪）是阿波罗的一个儿子，也是早期的希腊预言家。
克里特岛 迪克特（宙斯神庙）
宙斯出生地：迪克特山

古希腊：生活在奥林匹斯山下

希腊英雄

古希腊神话中的英雄是介于神和凡人之间的半神。他们之中有真正的战士，也有一些传奇人物。在一个不以神为榜样的文化里，他们是以凡人为原型创造出来的。

英雄崇拜起源于公元前10世纪，与希腊某一特定地区的发展有关，如赫拉俄斯城的创始人——赫拉俄斯（Heraeus，"hero"这个词就是由它衍生出来的）。

希腊神话有许多关于神、女神、仙子和萨提尔（satyrs，半人半兽）的描述，但故事的主角通常是英雄。他们中的许多人是神的孩子，或者至少是受到神祝福的皇室子女。虽然他们有别于普通的凡人，但他们只有人类的寿命。

特洛伊战争中的英雄

荷马在他的著作《伊利亚特》和《奥德赛》中描写了许多希腊英雄，他们大多是古希腊迈锡尼时代（约公元前1100年结束）的英雄人物。这个时期发生了最著名的特洛伊战争——迈锡尼的阿伽门农国王（King Agamemnon）率领希腊舰队围攻爱琴海对岸的特洛伊城。

随从阿伽门农作战的有包括阿基里斯、阿贾克斯、墨涅拉奥斯、内斯特、狄俄墨得斯、菲洛特特斯和奥德修斯等在内的许多希腊英雄战士。他们的对手特洛伊城也拥有如普里亚姆、赫克托和帕里斯（Paris）等许多希腊英雄。

阿基里斯刚出生时，全身上下被浸在冥河之中，冥河水能够使他刀枪不入。但他的母亲当时提着的脚后跟没有浸到河水，成为他身上唯一的弱点；墨涅拉奥斯那来自斯巴达的妻子海伦（Helen）和她的弟弟波卢克斯据说都是宙斯的孩子；在奥德修斯战后十年的归途中，女神雅典娜一直保护着他。

希腊英雄故事大多是与宿命相关的寓言传说

希腊人喜欢将英雄主义与神性相结合，因为对他们来说这些英雄人物只存在于历史之中，是一群几个世纪之前生活这片土地上的传奇人物。《荷马史诗》中提到的地名是真实可寻的，所有来到希腊的游客都可以亲身探访这些古迹。

宿命是希腊英雄故事讲述的共同主题。阿伽门农和英雄们侥幸从特洛伊战场回国之后，仍然无法逃脱自己的命运。阿伽门农返回希腊首都之后，最终在宫廷政变中死于他的妻子之手；奥德修斯在海上漂泊了十年才返回家中，结果却不得不一一结果妻子的追求者们。她本以为奥德修斯早已在战争中不幸身亡。

无论是底比斯的俄狄浦斯国王（King Oedipus，他在不知情的情况下，在混乱中杀死了自己的生父并娶了自己的母亲）的故事还是代达罗斯（Daedalus）的儿子伊卡洛斯（Icarus）的故事，抑或是杀死了米诺陶尔（Minotaur）的忒修斯（Theseus）的故事，所有的希腊英雄故事都充满了讽刺意味和宿命论的观点。故事寄寓了希腊人的道德情感、崇尚英雄主义的情结以及对敌人和背叛者复仇等众多复杂的情感。他们的英雄既是超人也是凡人。

伊卡洛斯（Icarus）的命运

发明家代达罗斯（Daedalus）建造了一座迷宫，里面住着克里特国王米诺斯养的怪物米诺陶尔。代达罗斯帮助雅典的英雄忒修斯杀死了米诺陶尔并成功逃离迷宫。米诺斯因此囚禁了代达罗斯和他的儿子伊卡洛斯。由于无法从海上逃离，代达罗斯为自己和伊卡洛斯制造了会飞的翅膀。代达罗斯告诫伊卡洛斯只能在适当的高度飞行，飞得太高，固定翅膀羽毛的蜡会被太阳融化；飞得太低，海水可能会浸湿羽毛。

唉，年轻气盛的伊卡洛斯在飞行中异常兴奋，完全忘记了父亲的警告。他越飞越高，直到蜡被太阳融化。男孩最终掉进海里，溺水而亡。

这个神话故事揭示出了当时的主流观念：凡人若试图向神挑战，终将因傲慢自大而遭天谴。它同时也揭示了年轻人常因轻视父母的智慧和经验而自食恶果的道理。

第一章 众神与英雄之地

伊阿宋（Jason）与阿尔戈英雄（Argonauts）的故事

伊俄尔科斯国王珀利阿斯担心王子伊阿宋野心太大，将他派去执行一项不可能完成的任务——从遥远的科尔基斯带回传说中的金羊毛。伊阿宋和他的船员们，也就是阿尔戈英雄们乘坐"阿尔戈"号（the Argo）启航去往科尔基斯。在这次航行中，他们成为第一批成功穿越"撞击岩石"（the Clashing Rocks）的人。

科尔基斯国王得知他们此行的目的之后，要求伊阿宋用喷火的牛耕地，用龙的牙齿播种。然后，伊阿宋必须先打败从这些"种子"中涌现出来的战士，再战胜看守金羊毛的不眠龙才能得到他的战利品。

国王的女儿美狄亚（Medea）帮助他完成了所有的任务。两人拿到金羊毛后一起逃回伊俄尔科斯。美狄亚随后杀死了珀利阿斯国王。但后来，伊阿宋为了另一个女人抛弃了美狄亚。为了复仇，美狄亚杀了新娘和自己的孩子。几年后，伊阿宋被一块"阿尔戈"号航船的木板击中头部身亡。

这个神话故事描述了具有传奇色彩的希腊英雄伊阿宋在争夺伊俄尔科斯王位时可能发生过的真实故事，其中也难免掺杂了许多早期希腊商人的叙述。当时，希腊商人们必须冒险穿过赫勒斯彭海峡（"撞击岩石"所在地，今天被称为"达达尼尔海峡"）才能进入黑海。据说那里就是科尔基斯的所在地。在这个故事中，具有讽刺意味的是伊阿宋最后殒命于让他成名的海船——"阿尔戈"号。

阿基里斯之踵

阿基里斯是凡人珀勒斯的儿子，也是特洛伊战争中最伟大的希腊英雄。他的母亲忒提斯将初生的他放在冥河中，希望以此让他长生不老。冥河的圣水可以保护他的身体不受任何武器的伤害。但忒提斯在将他放入冥河时提着他的一只脚踝，这只脚踝因此没有受到冥河水的保护。数年之后，阿基里斯在战斗中成为万众瞩目的勇士。但在特洛伊之战中，特洛伊国王普里亚姆的儿子帕里斯用一支箭正好射中了阿基里斯的这只脚踝。最终，阿基里斯死于箭下。

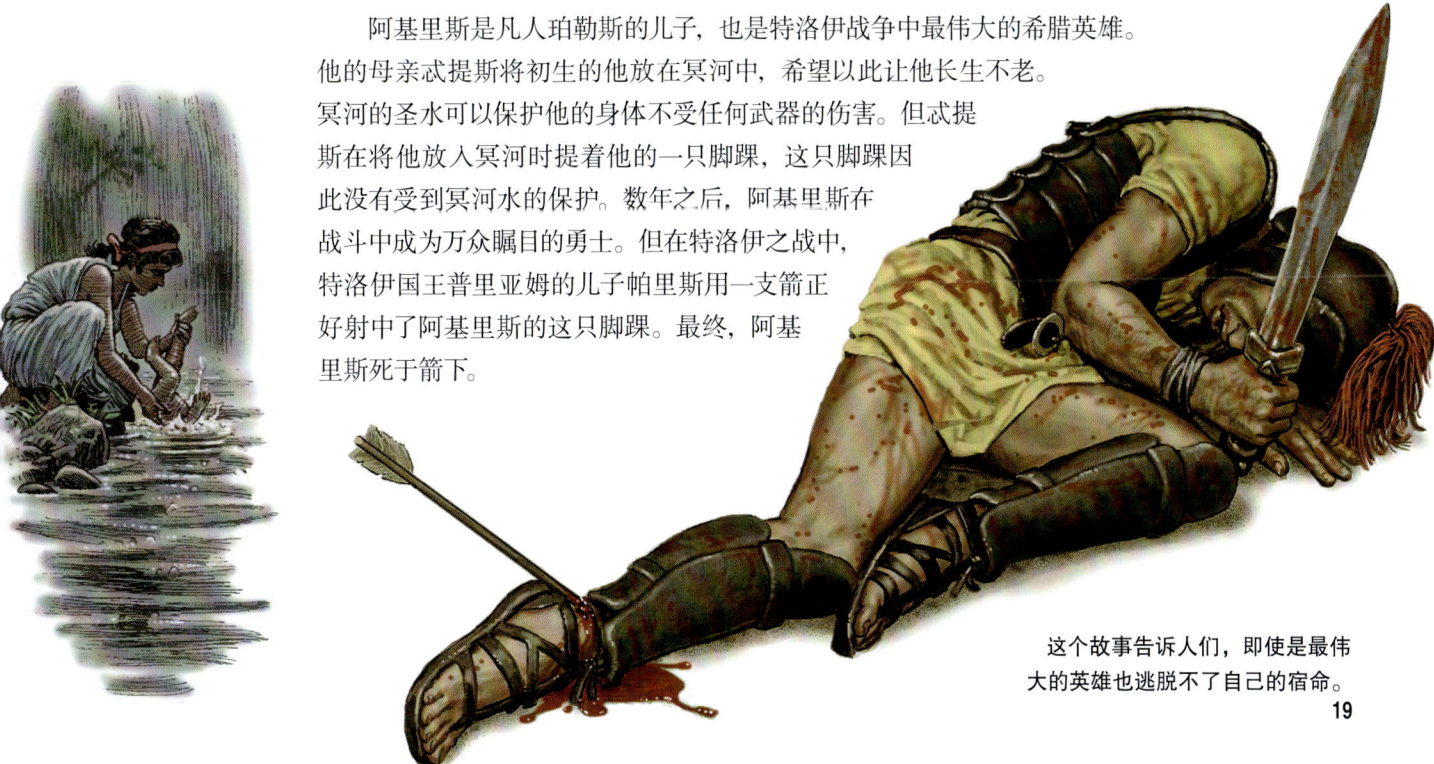

这个故事告诉人们，即使是最伟大的英雄也逃脱不了自己的宿命。

神谕和神秘的祭祀仪式

在古希腊，宗教节日广受欢迎，因为这是大多数市民日常生活中唯一的闲暇时光。在宗教节日中，城市里的所有自由人都可以一起参与祭祀活动和全民娱乐。

古希腊有如此之多的神需要祭祀，因此，一年之中有许许多多的宗教节日。事实上，宗教祭祀是古希腊人的一种持续性活动，因为没有人愿意因为怠慢了神而遭到神的惩罚。

从表面上来看，诸如泛希腊（全希腊）运动会（见74-77页）、戏剧表演（见90-93页）和公民游行等等许多旨在取悦参与者和观众的节日已经脱离了宗教本身，但所有的节日都是以神的名义在各个神的祭祀中心举办的。其中许多是献给一个或多个奥林匹斯神的。

所有的节日都会进行某种神秘的祭祀仪式，或者是为了纪念某个特定的神或女神举行的。

其中最神秘的祭祀仪式是阿波罗在德尔斐神庙让皮提亚传递的神谕（the Pythian oracle）。这是一张绘在一个盘子上的红色人物画。画中显示一位国王正在聆听在"三脚架"凳子上的德尔斐女祭司皮提亚传达的神谕。

重大节日

大多数宗教节日都以游行开始。游行队伍由神的祭司和信徒们组成，其他的男女老少则聚集在游行队伍的两侧围观整个仪式。游行队伍里的人携带着蜂蜜、面包和蛋糕等为神准备的食物，有时在祭祀仪式中还会宰杀牲畜。这些活动会持续几天，活动中通常有歌舞表演。

雅典、底比斯和科林斯这样的大城市每年都会举行好几个节日纪念活动，每两至四年还会举办更大的活动。其中最著名的是在雅典举行的泛雅典娜节（Athenian Great Panathenaic）。这是一个纪念女神雅典娜的节日，每四年举行一次，每次为期一周。

节日将希腊各城邦团结起来

大多数的祭祀活动都是地方性事务，但也有一些是希腊各城邦全体参加的活动。这些"泛希腊"节日通常在德尔斐（Delphi，阿波罗祭祀中心）或厄琉西斯（Eleusis，德墨忒尔祭祀中心）这样特别重要的宗教祭祀场所举行。这些祭祀中心拥有为节日建造的宏大的建筑群、神庙和运动场。

在节日期间，宗教圣地是中立场所，即使是正在交战的城邦也可以安全地在此会面。他们的代表甚至可以在此进行和谈或讨论贸易条约。希腊几乎每个城邦都在德尔斐建有官方宝库，因为神为它们提供了最安全的保障。

德墨忒尔（Demeter）与厄琉西斯

最古老的一项宗教祭祀活动是对女神德墨忒尔的祭祀。她掌管动植物的繁育，尤其是谷物的生长。她向人类传授耕作和播种的技能使人类摆脱了游牧生活。她的祭祀中心是位于雅典西北部约22.5千米的厄琉西斯的大型建筑群，其核心是泰勒斯台里昂大神庙（Telesterion）。它历经几个世纪，不断扩建。

神谕的智慧

希腊最著名的神谕是德尔斐的阿波罗神谕（参见22—23页）。很久以前，人们发现帕尔纳索斯山一侧的一个裂缝中会释放出一种气体，这种气体能引起附近的山羊癫痫发作，一个牧羊人也受了影响。当地人认为他的癫狂状态是在传达神的指示。

后来，这里成为阿波罗向世人传达神谕的"大地肚脐"（omphalus）。寻求神谕的人们从希腊各地蜂拥而至。阿波罗的指示通过德尔斐的高级女祭司皮提亚传达给世人。

皮提亚头戴桂冠，坐在雾气弥漫的位于地狱裂缝之上的一个三脚架上。想要向她提问的男人（女人不允许进入圣所）必须先在卡塔利安泉（Castalian Spring）净身。这里曾经是阿波罗杀死"巨蟒"的地方。

人们的询问由一位祭司记录下来并交给皮提亚。她传达出的神谕通常是一些支离破碎的语言，以至于必须经由她的副手进行解释。因此，通过随从祭司翻译的神谕经常出现偏差甚至错误。这对于提问者而言显然是一件非常不幸的事。

宗教祭祀与休闲娱乐

大多数的宗教祭祀活动只允许成年男性参加。因此女人也可以参与其中的纪念酒神狄俄尼索斯（Dionysus）的节日很受欢迎。人们在这个节日载歌载舞、开怀畅饮（见41页）。

人们在酒神节的荒唐举止看起来不像是对神的崇拜行为，但通过节日来表达对神的崇拜是希腊宗教信仰的重要部分。人们在节日庆典中摆脱了日常生活的束缚，古希腊的宗教节日因此成为祭祀活动、休闲娱乐和各种精彩演出的绝妙组合。

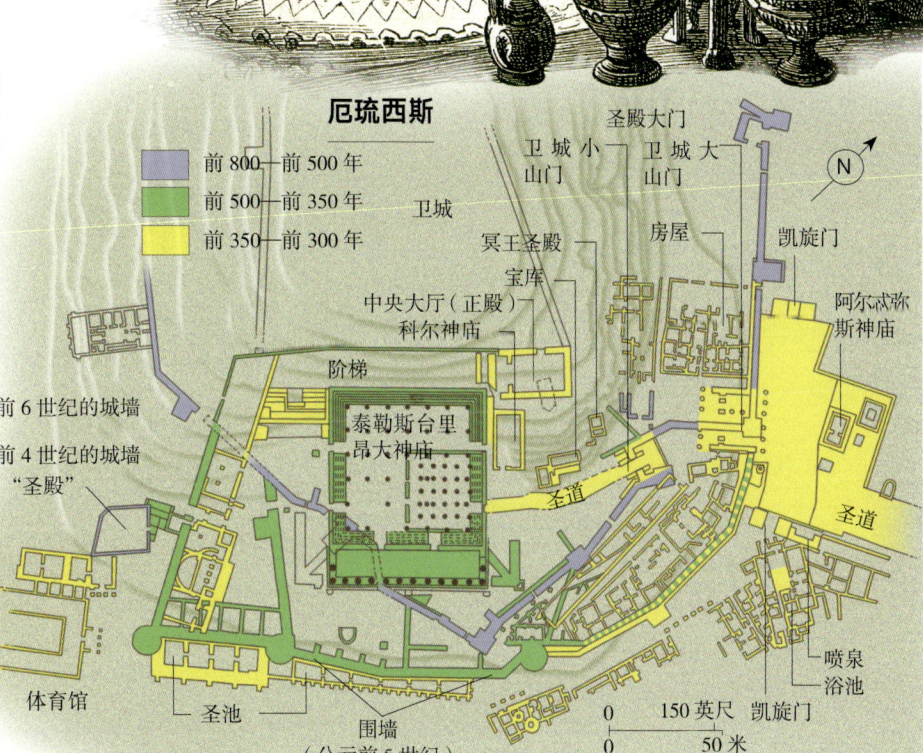

右上图：坐在三脚架上的皮提亚被神附体，尽力传达来自阿波罗的神谕。

左图：人们对德墨忒尔的崇拜源于对神秘莫测的自然轮回的敬畏。

古希腊：生活在奥林匹斯山下

德尔斐一日游

德尔斐位于圣山帕尔纳索斯的南坡，距科林斯湾约20千米。大多数来这里乞求神谕的人都会参加为阿波罗或狄俄尼索斯举行的节日庆典。

这幅重建图从顶部的体育场到右下角的雅典娜圣殿，展示了德尔斐建筑群的全貌（平面图中红色标示的区域）。

游行队伍沿着一条陡峭的阶梯蜿蜒上行，直至圣殿东面的入口。在重大节日期间，道路两旁摆设着各色摊点向朝圣者兜售食物、纪念品以及供奉在祭坛上的祭祀品。进入圣殿之后，圣道以"之"字形陡峭上升。道路两侧林立着祭坛和圣坛以及许多城邦的宝库。

圣道在雅典的宝库附近陡然急转，然后沿着一块岩石蜿蜒向上。古老的神话预言家西比尔（Sibyl）曾经在这里吟唱来自盖亚神殿的神谕。从这里开始，游行队伍经过一条雅典式游廊（一条有顶的走道）。游廊的立柱是典型的刻有七道槽沟的爱奥尼亚柱式。根据铭文记载，雅典人在公元前478年之后建造了这座纪念碑式宝库，用来存放他们的海军战胜波斯时获得的战利品。

神圣的游行队伍现在开始向下来到最后一个陡峭的山路，最后到达为阿波罗修建的多立克大神庙（the great Doric temple）。神庙内堂设立着女祭司皮提亚的三脚架座位。

圣所的大祭坛正对着神庙入口的台阶。祭坛是公元前5世纪由希俄斯人出资建造的。祭坛主体由黑色大理石制成，底座和檐口由白色大理石制成，形成鲜明的色彩对比。

戏剧与娱乐

除了众多的祭坛，德尔斐还有一个大剧场，剧场有35排石凳。场内上演与狄俄尼索斯崇拜有关的戏剧。剧场围墙之外是举行泛希腊德尔斐运动会的大型体育场。

剧场西南墙外是体育馆。该建筑群用于德尔斐青年的教育及体育训练。整个建筑为两层结构，上层是一个用于跑步训练的开放空间，下层包括训练场（Palaestra）、游泳池和浴室（Thermae）。

来到德尔斐的朝圣者可以参加上述所有丰富多彩的活动。

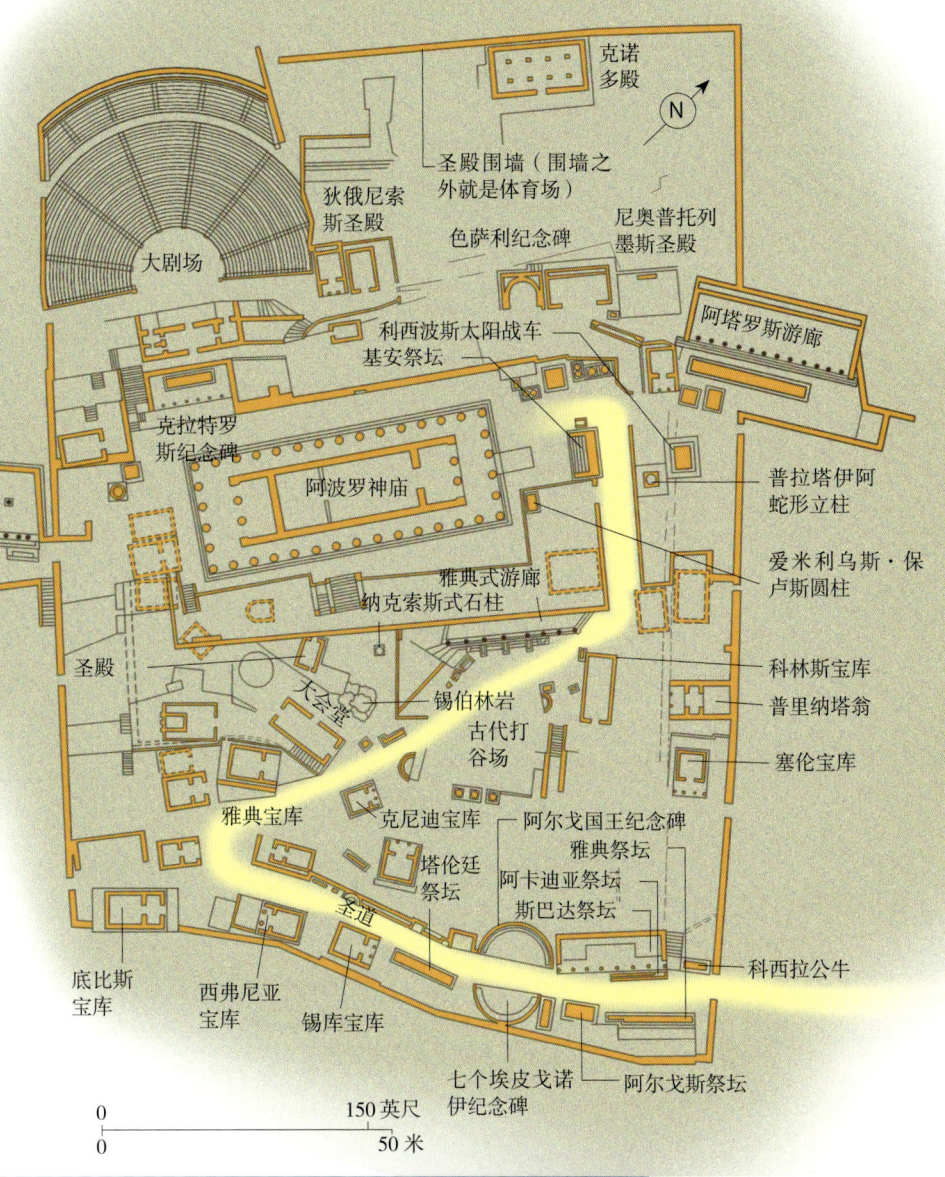

剧院是宗教活动的重要组成部分。

古希腊：生活在奥林匹斯山下

希腊神庙

希腊神庙是最能体现古希腊公民自豪感的地方。它是为神建造的殿堂，古希腊人对神庙的建造和装饰极其讲究。

古希腊的祭祀活动主要在祭坛上进行。祭坛最早的形式只是一块露天的石头。这就解释了为什么即使是在德尔斐这样的大型祭祀中心会有众多裸露在外的大小不一的祭坛。即使后来这里建起了大型神庙，这些祭坛仍然暴露在神庙之外（见上一页平面图中的基安祭坛）。

神殿本身是为供奉神的雕像而设计的，最早的希腊神殿是基于房屋的平面图建造起来的，而更宏伟的神殿则效仿了迈锡尼王宫的梅加隆（megaron，王座大厅）。神殿内设有内殿，前面建有由石柱支撑的门廊。为了区分神殿和凡人的房屋，神殿通常被建造得更长，其内殿里设有神的雕像。

神庙建造得越发精致美观

后期建造的神庙外部都有一排由石柱支撑着的带顶回廊（有屋顶的走道），使其明显区别于纯粹的市政建筑。早期的神庙都是用木头或泥砖建造的，屋顶通常是木头、茅草或黏土瓦结构。

大约公元前650年后，希腊人开始定期造访埃及，并在那里看到了许多巨大的石质建筑，就此激发了希腊建筑师的灵感，他们开始用石柱、柱头和飞檐取代简单的木质柱子。然而，他们仍然用石质建筑的形式保留了许多

位于德尔斐圣殿外的索洛斯（Tholos，圆形神庙）是一座公元前4世纪建造的纪念碑。它的周围环绕着20根多立克柱式立柱。

下图是希腊建筑的三种立柱形式。图中只显示了柱头（顶端）部分，并在表格中罗列了它们各自的用途。早期立柱样式简单朴素，柱身都刻有槽沟。A)"多立克柱式"外观朴素、坚固耐用；B)"爱奥尼亚柱式"；C-E)"科林斯柱式"。从图中可以看出：科林斯式立柱以茛苕叶（acanthus leaves）作为常见的装饰，而且它的装饰也越来越繁复华美。

原始的木质结构。这种三竖线纹饰反映出了之前所采用的木质结构形式，是这一时期的典型代表（见帕特农神庙图，右）。

随着时间的推移，逐渐发展起来三种不同风格的柱子、柱顶和支撑屋顶的柱头。这三种类型分别被称为"多立克柱式"（Doric orders）、"爱奥尼亚柱式"（Ionic orders）和"科林斯柱式"（Corinthian orders）。最早的"多立克柱式"的特点是外观朴素、坚固耐用，而最后发展起来的"科林斯柱式"以其华美的装饰著称。

多立克柱式（见图A）

多立克柱式出现于公元前7世纪晚期。

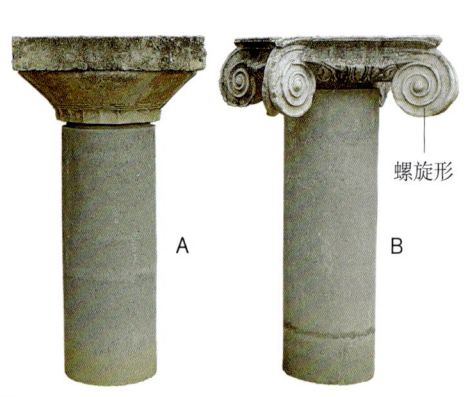

螺旋形

A　B

C

D　E

第一章　众神与英雄之地

帕特农神庙西端的重建图

- 雕刻着花卉图案的脊饰，用于装饰山墙的顶部和末端。
- 山墙、檐口、三陇板、间板、柱头这些结构合称为"檐楣"。
- 山墙，饰以浮雕装饰和彩塑。
- 在石头建筑上不需要排水沟，这只是木质神庙建筑残留的仅有装饰作用的部分。
- 框架结构柱头
- 多立克凹槽柱：因为它们是唯一向空中延伸的部分，角柱通常比其他立柱稍宽，并且微向内收，以避免产生纤细的视觉效果。
- 檐口
- 三陇板和间板：间板上装饰着浮雕。它必须在屋顶建造前被安放到位。三陇板、间板、山墙及檐口上都描绘着艳丽色彩的图案。
- 基座：传统的神庙建筑四周有三个台阶。它不像圆柱那样平坦，建筑师经过巧妙的设计避免长而直的台阶产生中间下沉的错觉。因此，每个台阶的中心位置都微微向上弯曲。长边高11.9厘米，东西两端高5.8厘米。
- 圣殿的主入口位于东端，祭坛就在它的后面。门后便是提洛宝库，这里用于存放雅典同盟国为打击他们共同的敌人而筹集的资金。

主要结构包括无底座的立柱（带槽沟或平柱）、外檐以及三角形墙面饰边（交替竖脊和平直砌块）。这是一个位于立柱之上的装饰性结构，是早期的木结构和砖结构在石材上的美学发展。多立克柱式是希腊本土及其西部殖民地最常采用的一种柱式，这种立柱样式经过漫长的历史更迭几乎没有任何变化。

爱奥尼亚柱式（见图B）

公元前600年左右，希腊东部地区逐渐演变出爱奥尼亚柱式风格。这种立柱样式保留了多立克柱式的基本比例和形制，但柱头上精心雕刻出借鉴了东方建筑风格的类似"蜗壳"的装饰，成为它最显著的特征。

科林斯柱式（见图C、D、E）

科林斯柱式是希腊三种立柱样式中最纤细、华美的一种。其特点是钟形柱头，以及两排莨苕叶形象组成的精致檐口。这种柱式最早可追溯到公元前420年左右，但古希腊建筑很少采用科林斯柱式，它通常出现在古罗马建筑中。

雅典卫城

代表希腊古典时期最高水平的建筑无疑是位于雅典卫城的帕特农神庙。雅典卫城的建筑风格很好地体现了雅典公民的自豪感，它的建筑设计完美地结合了多立克柱式和爱奥尼亚柱式。由雕刻家菲迪亚斯与建筑师伊西提努斯和卡利克拉提斯共同完成的帕特农神庙在设计时采用了多立克柱式。它与厄瑞克特农神庙形成了鲜明的对比。

厄瑞克特农神庙与帕特农神庙不同之处在于它采用的是爱奥尼亚柱式。帕特农神庙是菲迪亚斯（Phidias）为纪念雅典的城市女神雅典娜而建造的，其中伫立着一座雅典娜的巨型神像。最古老的雅典娜祭祀神庙位于厄瑞克特农。

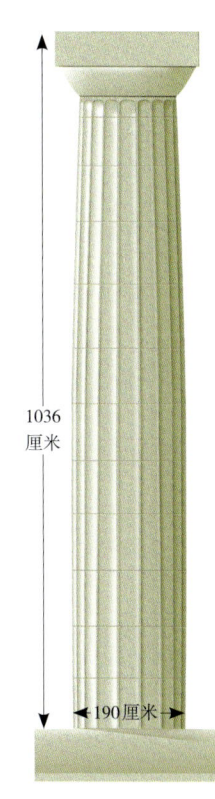

1036厘米

190厘米

立柱从上到下粗细不同。为了不让高大的立柱给人以"纤细"的感觉，立柱采用上细下粗的设计，它的底部的直径比顶部多出大约三分之一（图中采用了夸张的效果）。

25

古希腊：生活在奥林匹斯山下

泛雅典娜节

这是一个每四年在雅典举行一次的节日。它是古希腊最盛大的节日，只有奥林匹克运动会能与之媲美。

1. 泛雅典娜节游行队伍从战神山（Areopagus hill）开始直到雅典卫城。
2. 只有雅典公民才能进入雅典卫城城区。
3. 卫城石门。

"泛雅典娜节"是妇女们可以走出家门、积极投身公共娱乐的一个节日。外邦人和被解放的奴隶也可以加入这个全民庆典活动。该节日开始于雅典年第一个月的最后一天。这一天也是雅典娜的生日。整个节日将持续整整一周，其中有精彩纷呈的体育与音乐比赛、祭祀活动、宴会和盛大的游行，为人们带来巨大的欢乐。

展现健康体魄和艺术修养的良机

节日中有各种比赛，例如田径、音乐、歌唱、马术、火炬接力和赛艇等。最后一项不是该节日的常见项目，是市民们为了感谢雅典娜为造船业带来的巨大发展（伊阿宋曾经乘坐的"阿尔戈"号就是在她的帮助下建造完成的）而举行的比赛项目。奥林匹克运动会主要是进行各种类型的体育赛事（见74–75页）。

除了火炬接力和帆船赛之外的所有项目都向12至16岁的男孩和16至20岁的青年男子以及成年男子开放。比赛的冠亚军将获得装满橄榄油的罐子作为奖品。橄榄树及其果实是雅典娜女神赐予的圣物（见16页），而且当时橄榄油在世界各地都是一种贵重商品。获奖者通常会将他们的奖品售卖换成现金。

在"三项文化比赛"中，选手们在基哈拉（kithara）的伴奏下高声歌唱，或演奏簧片木管乐器（aulos）以展示他们的音乐才能。这些比赛的获胜者会得到丰厚的奖品。"狂想曲"（rhapsode，类似于"歌曲串烧"）也很受欢迎。这种表演形式不是唱歌，而是以朗诵史诗为主。选手们朗诵的大多是《荷马史诗》。

泛雅典娜节的游行

这是节日的亮点。黎明之前，游行队伍沿着雅典娜节日大道穿过露天集市"阿戈拉"（见64页）前往卫城，只在战神之山祭祀时稍作停留。

第一章 众神与英雄之地

4. 雅典娜的巨型雕像。
5. 厄瑞克特农神庙是以传说中的雅典国王命名的。
6. 帕特农神庙。

在雅典卫城，只有雅典人才能爬上斜坡，通过卫城山门（propylaea）。游行队伍的焦点是厄瑞克特农神庙。节日里，人们为雅典娜巨大神像披上一件新织的"佩普罗斯"（Peplos，一种古风时期的传统女装）。这件衣裳大到必须用类似帆船桅杆上的轮子才能将其披挂在神像的身上。游行最后，人们在雅典娜的祭坛上献上一只大型动物作为祭品，随后会举行有肉、面包和蛋糕的宴会。

死亡与冥界

与相信死者会复活的古埃及人不同，古希腊人将死亡视作人类受到的最严酷的惩罚。他们认为冥界是供失去了肉体的灵魂居住的阴暗之地。

人死之后，他们的"影子"（灵魂）将离开肉体进入冥王哈迪斯的国度。冥王是掌管死者的神。死者生前的一切财富都将成为过眼云烟，只留下泡影。死者生前的财富决定了他将被埋葬或者火化。奴隶通常只能简单地被埋葬在小罐子里，因为很少有穷人能够负担得起昂贵的火葬费用。

女人通常没有什么财产。因此，她们的葬礼都比较简单，但男人们必须提前料理好自己的身后事。当一个人意识到自己大限将至时，他会留下遗嘱，否则可能会导致家庭成员之间的激烈矛盾。寡妇很少继承遗产，遗嘱上详细说明了谁将负责照顾他的妻子和女儿。遗嘱上还说明他的财产将如何在男性家庭成员中分配，也可能提到某些受宠的奴隶将获得自由。遗嘱中还会指示他的坟墓风格，并指定他的遗嘱执行人。

上图：立遗嘱时需要确保本人意识清醒，以免在他死后家人为了争夺财产而产生纠纷。

亡者的灵魂需要向冥河摆渡者卡戎支付赏金，请他帮助他们通过冥河进入冥王哈迪斯掌管的国度。这里也被称为"冥界"，由三头犬塞伯拉斯把守着冥界的入口。

上图：祭奠完死者之后，人们离开死者的房子前要先洗手，因为死亡被认为是不洁的。

为葬礼做准备

当医生宣布死亡之后，死者家中的女眷便开始着手为他准备葬礼。其中最重要的程序是在死者口中放一枚硬币作为交给冥河摆渡人卡戎的赏金。卡戎将带着灵魂穿过冥河进入冥界。那些不付赏金的人将被困在冥河岸边，他们可能会回来骚扰家人。这对于死者的家人来说可不是一件值得期待的事。

死者的身体用加入香料的水冲洗干净，然后穿上节日里穿着的白色衣服，头戴葡萄叶。穿着停当之后，死者被停放在门前的长椅上，面朝街道接受亲朋好友的祈福。

送葬的队伍向事先准备好的柴堆走去。

喧闹的哀悼场面

富有的古希腊人都希望拥有一个隆重的葬礼。在一些城邦中会限制葬礼上的用度,否则大笔的钱财可能会在火葬柴堆上"化为乌有"。人们的哀悼声持久而响亮。

死者的妻子用手捶着胸口,扯着头发(除非她已经将头发剃光),其他女眷把灰烬撒在自己的头上。相比之下,男人在妻子的葬礼上就显得克制得多。

作为葬礼的背景,女奴们不断地大声哀号,就连来访的男宾们也难免动容。会场外面是专门请来的挽歌歌手。他们唱着忧郁的歌曲,拍打着自己的胸膛,让路过的人几乎相信他们是发自肺腑地感到悲伤。

送葬队伍

因为一个人的"阴影"在葬礼仪式结束之前不能进入阴间,所以葬礼必须在死后第二天的日出前尽早举行。

家中的男子抬着棺材,跟在聘请来的挽歌歌手后面。死者手里放着一块蜂蜜蛋糕,头下枕着一瓶油。紧随死者棺材的送葬队伍中有死者的妻子、主要的财产继承人和其他男性亲属。除非是死者的近亲,否则60岁以下的妇女不能参加葬礼。

由于送葬队伍的行进速度很慢,而且公墓位于城外的一条主干道上,送葬往往需要花费很长时间。

葬礼

家人已经为死者在一个预先选定的地方备好了用于火葬的柴堆。葬礼现场没有祭司,也没有祷告和悼词。死者火化后的骨灰被装进一个小骨灰瓮里埋起来。骨灰瓮或棺材上面会竖一座简单的石碑。葬礼之后的第三天、第九天和第三十天会在新坟上再次举行简单的哀悼仪式,并为死者献上花环、水果和酒。

古希腊的墓葬纪念碑通常在规模和外观上都比较朴素,对死者的描绘优雅而柔美。在这座石碑上(标记石),可以看到一个儿子正温情地向他的父亲问安。与大多数古希腊葬礼纪念碑的低调朴实相比,哈利卡纳苏斯(现在是土耳其的博德鲁姆)的陵墓的规模显得相当壮观。它是公元前350年为存放卡里亚暴君莫索罗斯的尸体而建造的。它的外墙布满雕像,墓室坐落在一个四周围绕着立柱的圣坛之上。陵墓顶部是金字塔形的屋顶,外部还有一个由大理石制成的四匹马拉的战车雕像。

第二章
陆地和海洋生活

土地所有权

古希腊由许多小型城邦及其附属的乡村组成。各城邦的公民以农民为主，但公民之间贫富差距悬殊。

如下图所示，希腊四分之三的土地是多岩石的贫瘠之地，只有五分之一的土地可以耕种。尽管如此，大多数古希腊人仍然靠务农为生。城镇居民通常也在农村地区拥有土地和农场，并以此作为主要的收入来源。

最肥沃的耕地位于沿海平原、阿提卡部分地区以及色萨利。由于夏季炎热干燥，这里主要种植的是"地中海农作物"。它们在冬季雨水的滋养下生长旺盛，夏季则不需要太多降水。这里出产的农作物有小麦、大麦、葡萄、石榴、无花果和橄榄。

农村地区通常高度孤立，它们与邻近的地区隔着陡峭的山脊。这里非常贫穷，农民只能过着自给自足的农耕生活。沿海地区有更加肥沃的土地，为人们提供了丰富的食物。这里还有大量的海产品和进口商品，尤其是来自埃及的谷物。

古希腊农耕土地分布图

农民的艰难生活

只有城邦的公民才能拥有土地，但土地所有者并不一定就是富人。古希腊到处都是小型农户，他们只能依靠自己的土地勉强度日。阿提卡附近地区大多数都是种植小麦和大麦的贫农，而富人和贵族才拥有出产葡萄酒和橄榄油的庄园。

虽然小麦是非常重要的农作物，但它很难种植。农民缺乏足够的土地进行轮作（不同的田块依据季节种植不同的农作物），因此土壤的肥力会逐渐降低。粮食产量下降，遭殃的是贫穷的农民，因为有钱人可以购买进口商品。进口商品又进一步压低了农民们种植的农产品价格，农民依靠农作物获得的收入降低。因此，农民们常常被迫向富人借债，而穷人最后陷入债务，只能用土地偿还债务。

有时为了还清债务，普通农民经常不得不卖掉自己的孩子、妻子，甚至有时他们自己也得卖身为奴。正因如此，农民经常向索取了全部财富的城市居民发动反抗斗争。

主要的家畜

富农，尤其是居住在大城市的贵族阶级，常常雇佣穷人来管理他们的土地。他们还会使用奴隶来耕种土地。青少年经常被雇为牧羊人，为有钱人看管他们的山羊和绵羊。

由于这片土地主要以岩石为主，山羊是这里最主要的牲畜，因为它们很容易适应这里贫瘠的山地。由于缺乏合适的牧场，牛非常罕见，马就更加少见了，通常只有富人才养得起马。

下图是一个典型的希腊农场。这些农场通常很小，只够种出满足一个家庭食用的食物。

1. 最肥沃的土地通常靠近农场的房舍，用于种植水果和蔬菜。

2. 小麦和大麦是主要的农作物，这个农场幸运地拥有一大片麦田。

3. 山羊和绵羊在山坡下的灌木丛中吃草。

4. 朝南的小山坡上种植着葡萄。

5. 地势较高的土地比较贫瘠，无法种植其他作物，这里只种植了橄榄树。

希腊农业年

古希腊是一个农民的国度，位于城市的露天集市"阿戈拉"（agora）是农民们出售剩余农产品的主要场所。

阿戈拉市场是古希腊各城市和较大城镇的中心（见64页）。这里每天清晨都是一片繁忙景象，农民们将自家出产的橄榄油、猪肉、奶酪、谷物、水果、鸡蛋和兽皮摆摊出售。他们卖掉农产品之后便各自返回自己的农场。小农户通常只能步行，条件稍好的人家会驾着一辆牛拉的空车返家。

在贫瘠的土地上种植作物只是农民生活的很小一部分，也是他们的生活比较艰辛的部分。希腊人不实行轮作。他们当年播种，第二年就休耕以使土壤肥力得到自然恢复。这给本来就稀缺的可耕种土地资源带来了更大的压力。

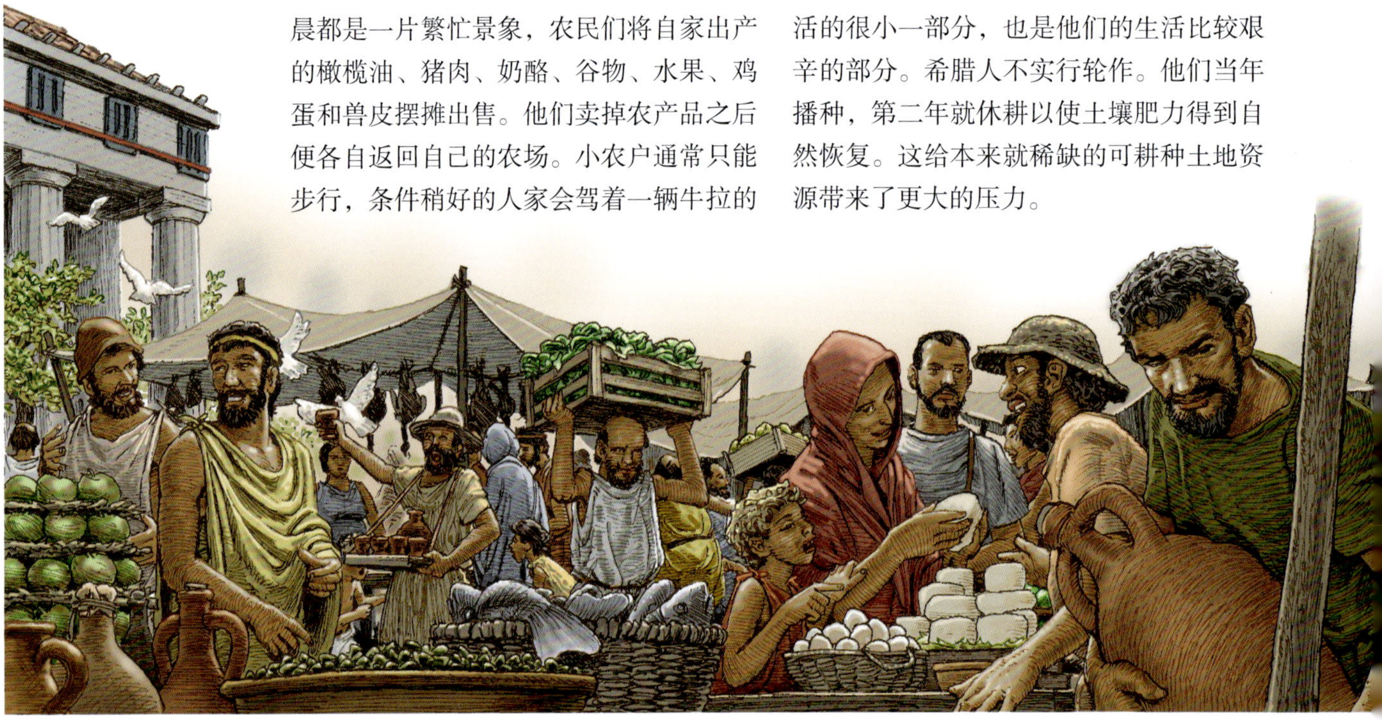

收获粮食

图1：农民们每年10月开始播种粮食。农作物在一年中最湿润的几个月里生长。农民们用牛拉犁，一人负责掌舵，另一人用手播撒种子。

图2：根据冬季不同的降雨量，谷物通常会在第二年5月至7月间成熟。一旦粮食成熟，农民们便开始使用镰刀进行收割。

图3：然后，他们采用与古埃及人相似的方式，用骡子在圆形的石质打谷场上脱粒。

图4：许多早期的宗教圣地都是在打谷场附近逐渐发展起来的。脱粒是去除谷粒的谷壳和外皮的过程。打谷场通常位于风力强劲的地方，因为足够的风力可以将较轻的谷壳吹走。在风力不够的情况下，家中的年轻男子们会用筛子将谷粒扬起，让风吹走谷壳。

牲畜

除了拥有大片牧场的色萨利地区之外，古希腊很少见到马。大多数农民都养牛、驴和骡子这些草食动物。绵羊和山羊可以为人们提供羊毛、羊皮、羊肉和羊奶。羊奶也是制作奶酪的主要原料。农民们将猪饲养在农舍附近，因为那里方便看管，可以防止它们啃食菜地里的蔬菜。到了冬季，猪通常会被关进屋子里，因为它们可以让屋内更加暖和。家禽的肉和蛋也是人们的重要食物，但鸭子和鸡必须严加看管，以防它们被经常出没的狐狸叼走。

经济作物——葡萄和橄榄

山区农民养殖蜜蜂用以生产蜂蜜。蜂蜜是希腊人主要的甜味剂。豌豆、扁豆、黄豆、大蒜、洋葱和卷心菜也都被广泛种植，但古希腊主要的经济作物是橄榄树和葡萄。

种植葡萄的收入对于庄园主来说非常重要。在古希腊农村，种植和收获葡萄都需要雇佣大量的工人，而这里的奴隶数量没有其他地区多（只有雅典周边地区的奴隶数量比普通市民还多）。葡萄主要生长在山坡上的梯田里，因为那里日照充足。到了每年9月左右，葡萄便成熟了。此时，农民们将收获的葡萄放进木头或灰泥制成的大

人们将采摘下来的葡萄装进大缸，并碾压出果汁用来酿造葡萄酒。

下图：摇动橄榄树可以让果实掉落到地面，然后再将这些果实放入压榨机里榨油。

桶里进行踩踏。这种大桶有一个向下倾斜的出口。

经过挤压的葡萄果汁被收集在陶罐中，然后放在一个凉爽的地窖中发酵六个月左右。发酵结束之后，葡萄酒被倒入一种叫作"双耳细颈罐（amphorae）"的大型陶土容器中，以便运输（见68页）。

橄榄树需要大约16年才能开始结出果实。因此，只有富农才能负担得起这样的投资，但橄榄树的收益也是非常可观的。

收获橄榄只需要摇动树枝使成熟的果子掉落下来，再将落下的果实收集到篮子里。在它们被放入石质压榨机中榨油之前，需要先用手将果实碾碎。橄榄油用于烹饪、照明，它还可以制成洗涤用品和美容产品。运动员们常常使用橄榄油擦拭身体。希腊出产的橄榄油在地中海地区非常受欢迎。

古希腊：生活在奥林匹斯山下

为了寻找耕地进行殖民扩张

希腊境内多是山地，耕地的匮乏迫使许多希腊人到海外建立殖民地。不久之后，许多由移居海外的农场主形成的社区逐渐成为古希腊重要的城邦。

虽然希腊殖民地在行政上归属于其母城，即"大都会"，但它们通常都各自为营。新殖民地的建立是一个非常有组织的过程，具有与其母城几乎相同的法律和政府体系。这里也拥有宗教寺庙，并定期举行祭祀活动。

这些殖民地几乎都建立在沿海地区，方便通过海路与母城联系。有些殖民地建立在原本就与其母城有贸易往来的地区。希腊殖民地后来遍布爱琴海和地中海以及黑海沿岸的许多地区。除此以外，古希腊殖民者的主要定居点还包括利比亚、意大利南部、西西里岛以及法国南部海岸。

所有这些地区生产的商品都可以出口到希腊：羊毛出自北非、意大利和小亚细亚地区；谷物出产于黑海沿岸和克里米亚；西西里岛出产的谷物、染料和兽皮；来自埃及的主要商品是谷物和莎草纸。

右图：来自克罗托内的毕达哥拉斯（前569—前500）是一位数学家和思想家，以其著名的几何定理闻名于世。

前11至前6世纪希腊在地中海区域的殖民扩张图
- 前11—前10世纪的希腊疆域
- 约前500年的伊特鲁里亚城邦
- 前500年的腓尼基
- 希腊殖民者占领的沿海地区
- 前6世纪腓尼基殖民者占领的沿海地区

希腊殖民地和定居点
- 前11—前10世纪
- 前9世纪
- 前8世纪
- 前7世纪贸易区
- 前6世纪贸易区

腓尼基人是一个起源于地中海东部沿岸地区的贸易民族，在希腊人到来之前就在地中海的许多地区进行过殖民扩张。他们位于迦太基的殖民地，对希腊人在北非海岸、西西里岛和西班牙南部的殖民活动进行了激烈的对抗。

出生于西西里岛的阿基米德（前287—前212）是一位著名的科学家和工程师。他最著名的贡献包括发现了浮力定理和发明了螺丝钉。

意大利南部和希腊的殖民化程度非常高，古罗马人称这些地区为"大希腊"（Magna Graecia）。令人惊讶的是，正如苏格拉底所言，有些希腊城邦已经在地中海周围拥有数百个殖民地，"就像池塘周围的青蛙一样"。

希腊殖民史

希腊的第一个殖民地是公元前8世纪在意大利南部和西西里岛建立起来的。雅典和斯巴达在这里建立了许多殖民地。锡拉丘兹的科林斯是西西里岛最繁荣的殖民地，紧随其后的是阿克拉加斯。公元前7世纪初，黑海及赫勒斯彭海峡（达达尼尔海峡）周边地区也建立起了许多殖民地。这些殖民地主要是由米利都岛的城邦建立的。利比亚的昔勒尼移民在北非海岸建立了更多的殖民地。公元前600年，希腊的爱奥尼亚人在马赛岛建立的定居点已经发展成为一个繁荣的港口，控制着希腊与法国地区之间的贸易往来。

希腊殖民地上产生了那个时代最优秀的思想家，本页中列举了其中最著名的几位。

来自萨摩斯的伊索（约前620—前564）以寓言和短篇故事的形式讲述了许多为人处世的道理。

公元前531年，哲学家、数学家毕达哥拉斯从萨摩斯来到克罗托内。

来自埃利亚的芝诺（前490—前425），著名的数学家和思想家，以他的"芝诺悖论"（Zeno's Paradox）闻名于世。

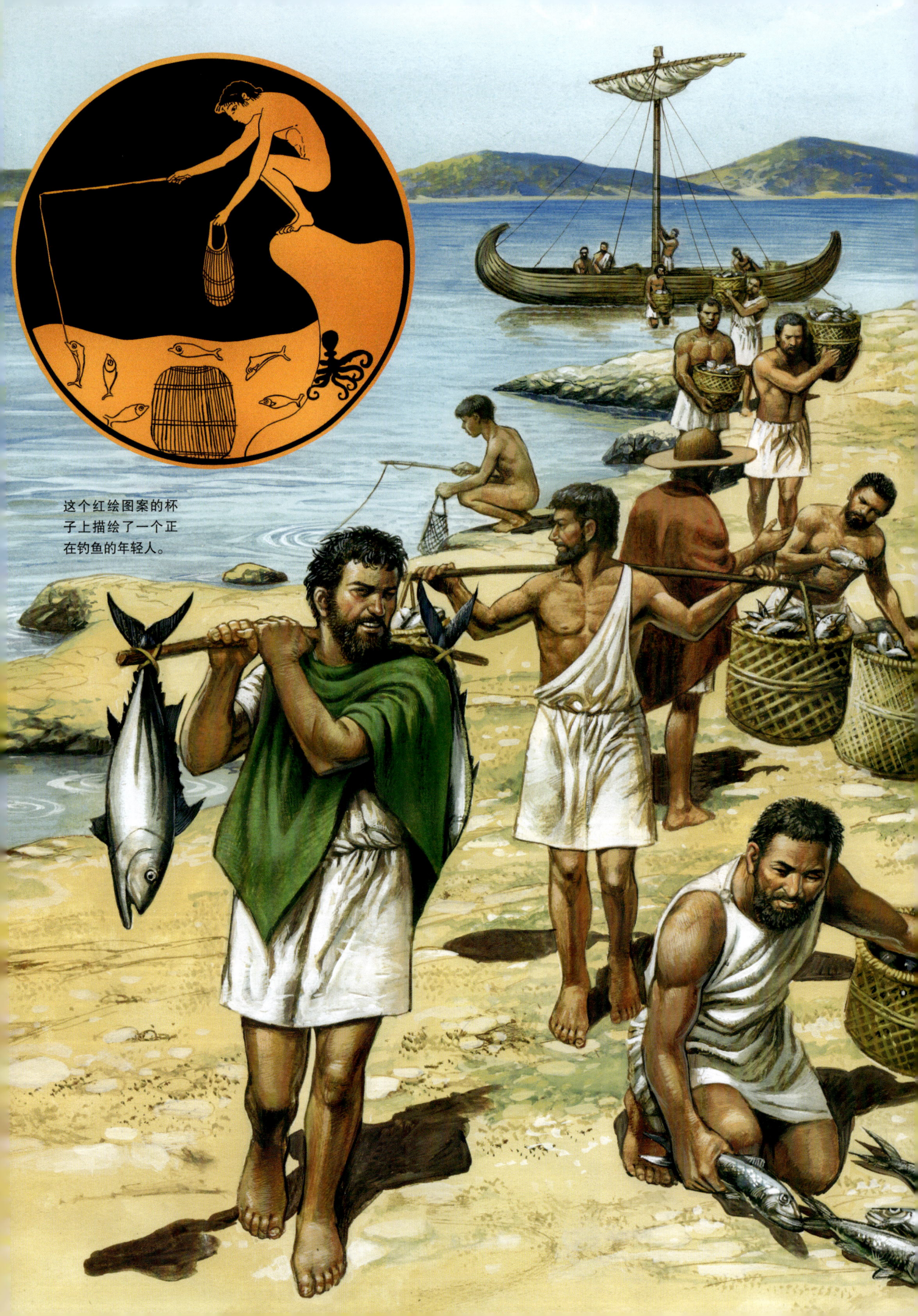

这个红绘图案的杯子上描绘了一个正在钓鱼的年轻人。

物产丰饶的海洋

希腊境内岛屿众多。这里拥有如此之长的海岸线，鱼自然成为古希腊人尤其是贫穷阶层最喜爱的食物。

图片中描绘的是科林斯湾的渔民们

一艘渔船刚刚靠岸开始卸货。一名男子在这些鱼被贩卖到露天集市之前跟商贩们讨价还价，希望自己的鱼能卖个好价钱。

一个小男孩正在用鱼线和鱼钩钓鱼。他的一只手拿着一个鱼篮，水中还放了一个更大的篮子用来装捕来的鱼，这样可以让鱼在他回家之前保持新鲜。

在前景中，一个卖鱼的人正带着一个装满鲱鱼的篮子朝着市场走去，一对金枪鱼绑在他的同伴肩头的抱杆上。

宣告鲜鱼到达的"鱼钟"的鸣响是主妇们蜂拥至露天集市的信号。一个竖琴演奏家的独奏音乐会的故事充分说明了人们对于刚刚捕捞的鲜鱼的热爱。据说当鱼钟鸣响时，正在倾听演奏会的观众一瞬间全都没了踪影，只留下一个耳背的老人。演奏结束之后，音乐家向老人致以衷心的感谢，感激他听完了自己的演奏。老人惊恐地抬起头说："什么！我错过鱼钟了吗？"然后他一溜烟地跑了。

出产的鱼类品种

对于爱琴海众多岛屿上的居民来说，鱼就更为重要了。这里岩石林立的地貌，使得能够大量种植农作物的土地非常稀缺，大多数食品只能从陆地进口，价格昂贵。而随时都能捕捞的海鲜的价格则要低廉很多。

比雷埃夫斯的法伦湾出产大量的沙丁鱼。作为最便宜的鱼，沙丁鱼是一般家庭中最主要的食物。金枪鱼也有很多，其肉质更好。而最珍贵的鱼类则是产自博奥蒂亚科帕湖的大鳗鱼。咸鱼和熏鱼主要来自黑海港口和西班牙沿岸的殖民地。

> **史实窗**
>
> "鱼"这个词在现代希腊语中是"psari"，源于古希腊语的"opsarion"，意思是"美味"。

捕鱼是一项重要的营生

古希腊人主要用渔网捕鱼，有时也使用鱼钩和鱼线。通常在晚上借助火把用三叉戟猎捕鱿鱼和章鱼。

载有十几个人的小型帆船夜间出海，借助火把的光线用渔网捕鱼。这些船只通常归一个家庭所有，船员的报酬要么是贩卖所得的一部分现金，要么是他们打来的一部分鱼。有时几个不太富裕的渔民共同出资买下一艘船。捕鱼对于古希腊人来说不是娱乐活动，而是一项重要的营生。对于年轻的希腊贵族来说，更适合的运动是打猎而不是捕鱼。

希腊人到现在还沿用着2500年以前古老的钓鱼方式——画面中这个希腊现代渔民正用电力照明代替古人使用的火把来吸引鱼群。

餐桌上的美食

普通古希腊人的日常饮食非常简单。因为肉类价格昂贵，他们的餐桌上几乎见不到肉。但在富裕的古希腊家庭的餐桌上有各式各样的开胃菜。

图中两名男子正在一家公共面包房外一边聊天一边等着面包烤好。一个男孩正带着一袋谷物过来为家人烤面包。

面包是最主要的日常食品。人们平常吃的面包是用面粉加水或蜂蜜烤制的，有时也在配料中加入油、蜂蜜和一种掺有蜂蜜的葡萄酒——"欧诺米洛"（oinomelo）。面包的烘焙方式有很多种，形状各异。有的面包加入了葡萄酵母进行发酵，也有不经过发酵的面包。

人们通常在节假日里制作各种豪华面包，其中添加了新鲜水果或果干、奶酪、香草、橄榄等。古希腊人能够制作五十多种不同的面包。在城市里，政府为市民修建了公共烤炉。这里后来发展成为人们与亲朋好友聚会和聊天的热门场所。

古希腊人的一日三餐

古希腊的大多数食物产自波利斯附近地区，雅典这样的沿海城市也有许多进口的昂贵食材和海外美食。古希腊人通常在每天清晨、中午和晚上吃三顿饭。早餐一般都相对清淡，通常是面包蘸酒再配上一块奶酪。午餐比较丰盛，通常有橄榄、无花果、奶酪、面包和葡萄酒。正餐是在晚上，通常是大麦粥配上煮熟的新鲜蔬菜。

有钱人常常邀请男性朋友回家共进晚餐，或者去"餐饮俱乐部"（类似于餐馆的地方）吃饭。晚餐时，主人通常斜靠在沙发上进餐，奴隶们将食物、酒和餐具递到主人手边。除了女奴或"海泰拉"（hetairai，类似"交际花"的女性，见43页），正式的晚餐中通常没有女性的身影。

餐桌上的肉类

尽管古希腊人饲养羊、猪、山羊和牛用于食用，但肉类对于普通家庭而言是一种奢侈品。在家，他们偶尔可以吃到香肠，或者偶尔吃到一只打来的野兔。此外，他们每周至少可以吃一次野鸡或家鸡。绵羊和山羊奶制成的奶酪也是餐桌上的常见食品。

贝类、鱿鱼和鳗鱼以及其他水产品的做法很多：炸、烤、炖、晒干或者烟熏。富裕家庭还能吃到鱼子酱、牡蛎和海龟。

储存食物以备冬季食用

在夏天有很多新鲜的水果和蔬菜。水果的食用方式很多，而蔬菜主要做成炖菜或加入橄榄油生吃。人们在夏末开始储存水果和蔬菜以备冬季食用。水果被晾晒成果干，然后装进陶罐中保存。人们还将水果放在蜂蜜里进行存储。这种腌制过程需要小心地不让一种水果与另一种水果挨在一起。绿色蔬菜则被直接放进一种用沥青处理过的容器里进行保存。

在一个富裕的家庭里，所有的野味、捕获的鲜鱼和猪肉等都被挂在烟囱里，经过厨房的灶火熏制，然后保存起来以备日后食用（见52–53页图6）。

香料和调味品

古希腊人喜欢将甜酸味混合在一起做成调味汁。最基本的调味汁是蜂蜜、醋和"加洛斯"（garos，一种以发酵的咸鱼为基础制成的酱汁）。他们还使用包括芥末、胡荽、孜然、牛至叶、茴香、欧芹、薄荷、松子、罂粟籽、芝麻等等许多香草和香料，其中茴香籽是最受欢迎的调味料之一。希腊餐食中几乎都会加入大蒜和洋葱以增加食物的香味。

希腊将军和历史学家色诺芬曾经绘声绘色地回忆宴会上的客人们是如何嘲笑一位为了保持口气清新而拒绝吃洋葱的新郎。

公元前5世纪末的人们日常使用的碗等器皿和食物。

这位新郎原本很喜欢吃洋葱，但他担心自己的新娘不喜欢这个味道。

古希腊：生活在奥林匹斯山下

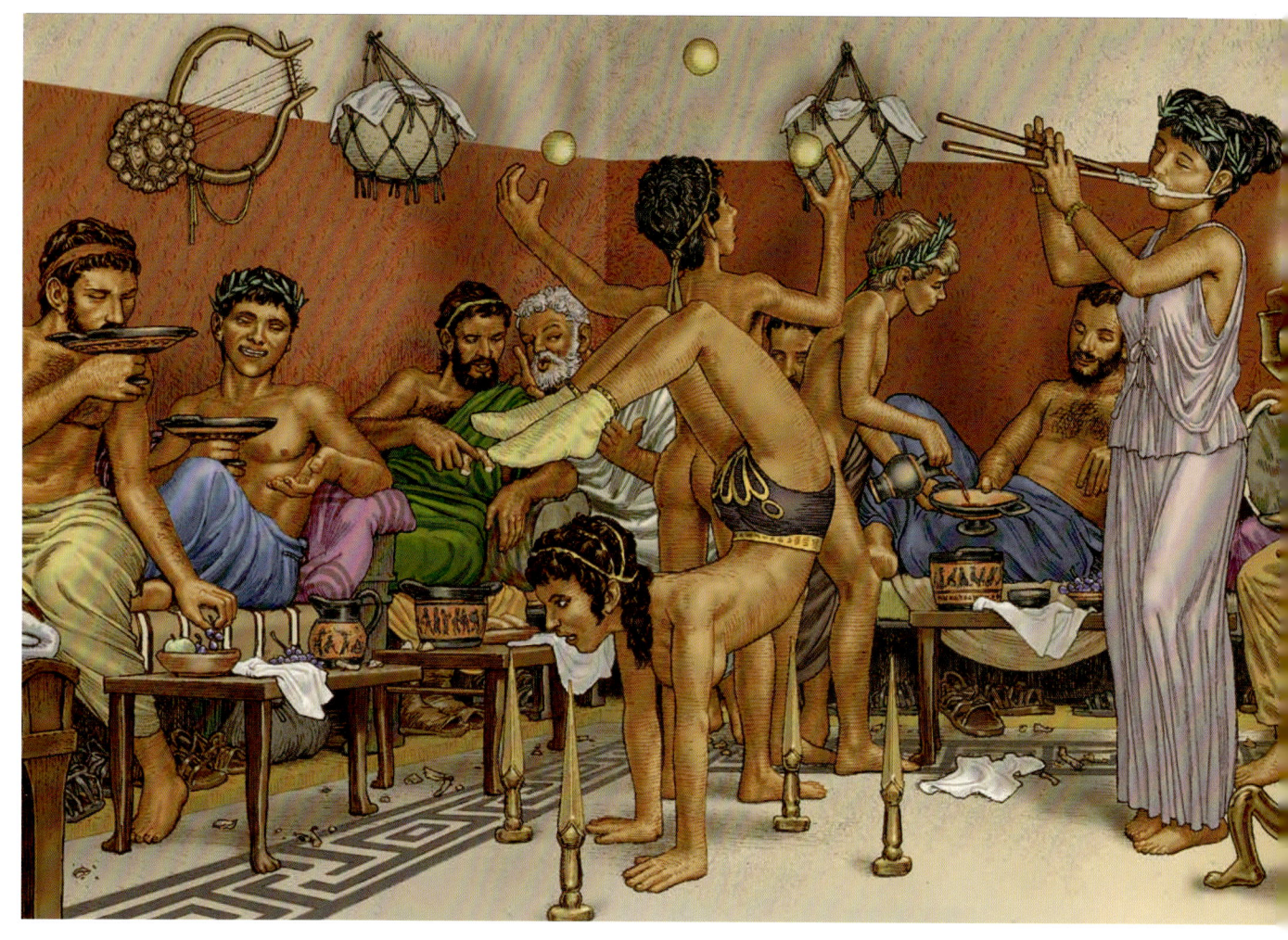

葡萄酒和宴会

无论是穷人还是富人都常喝葡萄酒，但他们所喝的酒在品质和价格上差别很大。富人的晚宴总是少不了饮酒。

在宴会的最后一个阶段，客人们一边享用着美味的甜品和美酒，一边欣赏着歌舞节目，将晚宴的热闹气氛推向高潮。

富人的宴会（symposium，盛宴或正式晚餐）是典型的古希腊人生活方式，它通常在家中举行。吃饭和饮酒是一种社交活动，也是与友人会面、讨论政治、听音乐、玩游戏和增进友谊的良机。宴会通常从下午一直持续到深夜。

参加宴会的只有男宾，因为宴会的主要内容除了吃喝之外通常是讨论一些哲学、艺术和政治问题。古希腊人认为这些都是适合男人之间讨论的话题，因为他们认为女人无法正确地理解这些内容。

宾客们躺在沙发上，奴隶们为他们端上欧诺米洛和面包，然后按照顺序上菜。首先是几道开胃菜和水果，然后是经过精心烹制的新鲜鱼和肉。

宴会的第二阶段是上甜点（epidorpion）。除了精致的糖果，还包括馅饼、糖果、干果、坚果和奶酪等等。

有一种很受欢迎的甜点是将坚果和蜂蜜夹在几世纪前希腊雇佣军从亚述传回的一种薄面包片之间做成的点心（baklava）。搭配甜品的是宴会的重头戏——无限量供应的美酒。

调节酒精浓度

主人可以通过增加或减少兑水量来调节葡萄酒的酒精浓度。葡萄酒平常被储存在一种双耳容器中。饮用时先将原酿与水在一个叫作"克拉特"(Krater)的大型容器中进行混合。兑过水的葡萄酒再被装进一个叫作"奥尼丘"(Oinchoe)的酒壶,最后倒进客人的杯子里。

通常一份原酿会兑入几份水进行稀释。但随着宴会渐入高潮,酒精含量开始越来越高。到了最后,客人们开始饮用未经稀释的原酿。

在客人们热烈地辩论和朗诵诗歌时,主人会尽量让宾客们保存头脑清醒。当他们变得语无伦次之后,专业的舞者、乐师和杂技演员则会取代客人成为晚宴的主角。

宴会结束之后,主人可以回到卧室休息,而宾客们只能由手持火把的奴隶为他们引路,一路跌跌撞撞地回到家中。

葡萄酒的重要性

宴会的品质反映了东道主的地位和财富,其中葡萄酒的品质至关重要。最好的葡萄酒来自爱琴海群岛,尤其是莱斯沃斯岛和希俄斯岛出产的葡萄酒。古希腊的葡萄酒有三种基本类型:白葡萄酒、红葡萄酒和"黑葡萄酒"(一种深红色的葡萄酒)。

这些酒又被分为甜型和蜜甜型以及深度发酵型和轻度发酵型。其中黑葡萄酒尤为昂贵,因此在晚宴开始时在其中兑水可谓是明智之举!

对希腊人来说,喝酒不仅仅是一种享受,还具有宗教意义,因为它是唯一能平息奥林匹斯诸神争吵的饮品。酒神狄俄尼索斯,也是丰产之神、葡萄酒神和戏剧之神。人们在葡萄收获的季节里以及每年二月第一批新葡萄酒刚刚酿成之时都会为他举行隆重的祭祀活动。

酒神节是古希腊人最重要的一个节日,它又被称为花月节。人们通过游行和饮酒比赛来庆祝这个节日(见47页)。这实际上就是一个为期一周的全民宴会,与普通宴会不同的是女性可以参与其中。

上图描绘了酒神狄俄尼索斯与正在喝酒的萨蒂尔(satyr)。半人半马的萨蒂尔的传说与酒神以及葡萄酒有关。

维多利亚时代的画家劳伦斯·阿尔玛-塔德玛(Lawrence Alma-Tadema)绘制的一幅酒神节的场景(见下图)。在女舞者的身后,一个醉醺醺的宴会司仪倒在地上。

第三章
家庭生活与生产生活

家庭生活——女性的地位

与美索不达米亚和古埃及的女性相比，古希腊的女性更加依附于男性。在国家的各个阶层中，结婚前的妇女被视为父亲的私有财产，婚后则移交给她的丈夫。妇女在家庭中始终处于从属地位。

除了斯巴达之外（见"妇女在斯巴达的特殊地位"），古希腊的妇女几乎没有什么社会地位和合法权利。"一家之主"（kyrios，通常是家庭中的父亲、丈夫或其他男性成员）合法地拥有家中全部妇女的所有权。当女儿出嫁时，父亲对她的所有权就被移交给她的丈夫。

妇女没有投票权也无权提出法律诉讼。除少数例外，她们不能拥有财产也没有财产继承权。妻子在家庭中的责任就是料理家务、生儿育女、管理奴隶和仆人，并且满足丈夫的一切需要。

被禁锢在家中的妇女们

实际上，古希腊的妇女就像家中的囚犯一样。除了泛雅典娜节和狄俄尼索斯节这样的全民宗教节日之外，她们很少有机会走出家门。除此之外，她们只能偶尔在一些特殊场合外出活动，比如参加婚礼或葬礼，或者短暂拜访女性邻居等等。

穷人的妻子可能比那些富裕的活动范围大些，因为她们有时不得不出门去做帮佣或从事手工艺制作。在一个几乎没有奴隶的贫寒家庭，家庭主妇需要做家中所有的家务，富裕家庭的妇女则不需要做家务。

家庭主妇的一天

家中的女奴隶负责做饭、打扫卫生和在田里干活。男性奴隶在男主人不在时负责看家护院，还负责教导家中的男孩。

女人甚至不出门购物。男人的任务之一就是早上去集市采购家中的生活必需品，比如鱼、奶酪、橄榄和蔬菜等等。他们偶尔也会去购买一些小饰品盒和珠宝等奢侈品。

妇女们的一天几乎都在自己的"闺房"（gynaeceum）中度过。她们的主要工作是纺纱和织布。她们要为包括家里奴隶在内的所有人做衣服，还要做墙壁上的装饰品以及窗帘、被褥和靠垫。所幸这些对她们而言并不是一项无聊的工作。相反，这些家务活被认为是一项高尚的工作，即使对于达官贵人的妻子而言也是如此。

年轻的女孩们通常一整天都跟母亲待在一起，学习如何料理家务和纺织，为将来的婚姻生活做准备。

海泰拉（The hetaira）

"海泰拉"中的男性角色称为"伙伴"（hetairos），指男性伴侣。其女性角色即为"海泰拉"（hetaira），意为接受过教育、善于交际，并且能够以普通女性不被允许的方式参与社交活动的女性伴侣。而"交际花"（Hetairai）是指在宴会招待男宾的专业艺妓。

这些人通常擅长诗词歌赋、演奏音乐和唱歌跳舞。最重要的是，她们必须能够与男人们谈论政治、哲学和艺术等话题。

古希腊男人就是这样将女人划分成不同的类型。"海泰拉"是长着姣好容貌但几乎有着与男人同等智慧的女性伴侣，而妻子和女儿则是男人的私有财产。

古希腊人认为家庭妇女除了应该具备作为女主人的管家才能之外，跟家中的奴隶一样不必拥有多余的智慧。就连著名的哲学家亚里士多德也曾经写道："思考能力既不存在于奴隶中，也不存在于女性中。"

左上图：已婚妇女和未出阁的女孩在"闺房"中纺织，并为家人缝制衣物。

左图：已婚妇女偶尔外出时，会有一个奴隶陪伴并保护，有时还会有另一个奴隶在旁边伺候。

"一家之主"掌握生死大权

一家之主对包括祖父母、未出阁的姐妹、寡居的姨妈或姑妈以及家庭中所有失去亲生父母的孤儿在内的各位家庭成员拥有绝对控制权。而他的妻子没有任何合法权利，甚至无法决定她亲生孩子的死活。如果家里养不起一个新生命，或者新出生的孩子先天不足，父亲有权决定是否将孩子抛弃在荒郊野外任由其死去。

女性生活在这种完全没有任何人权的环境中，除了她的丈夫之外，没有任何人能够触碰。但男人和被认为是自由女性的"海泰拉"则完全不同。

右图：一位狠心的父亲正将婴儿从哭泣的母亲怀中夺走，准备将其扔到荒郊野外。

妇女在斯巴达的特殊地位

在好战的斯巴达，妇女的地位与希腊其他地区截然不同。在那里，妇女可以拥有财产。事实上，超过三分之一的斯巴达土地归妇女所有。女儿拥有跟儿子同等的继承权。斯巴达妇女在艺术和体育方面都会接受良好的教育（这是其他古希腊城市所不允许的），并且在城邦内拥有切实的政治权力。

产生这些差异的原因源于斯巴达勇猛的民族性格。这里的男人以国家而非家庭为重。男孩子们七岁就离家开始接受军事训练。由于男人们很少在家也不参与育儿过程，斯巴达妇女几乎掌管着除了军队之外的一切事务。

结婚与离婚

对大多数古希腊人来说,婚姻并不是基于爱情,有许多其他目的促使他们步入婚姻的殿堂。

与偶尔还能出门的已婚妇女相比,年轻女孩们更没有人身自由。她们几乎从不被允许踏出闺阁半步,就连家中的男性成员们都难得一睹她们的芳容。(这与斯巴达形成了鲜明的对比,斯巴达的年轻女孩们甚至可以与男子们一起在公开场所进行体育训练。)

女孩一过青春期就到了适婚年龄,通常都在十六岁之前。由于她们在家中过着隐居般的生活,根本不可能会有倾慕她们的男子前来求爱。事实上,大多数夫妇直到结婚当天才第一次见面。家中的某个女儿到了成婚年龄时,"一家之主"会为她挑选一个丈夫,并与对方家庭协商结婚事宜。

如果进展顺利,双方便开始着手准备婚礼。这个过程包括两个步骤,第一步是举办订婚仪式。当然,到目前为止婚姻与爱情毫无关系,这只是两个家庭之间达成的具有法律效力的口头承诺,女孩本人的意愿完全不在考虑范围之内。女儿的未来丈夫与她的父亲通过握手便完成了订婚仪式。婚姻双方还会在结婚协议中拟定女方将要出的嫁妆(新娘家的礼物),双方还需要在证人面前宣誓。

男人结婚的年龄通常在三十岁左右,因此他完全有能力自己挑选结婚的对象,以及通过联姻能够跟哪个家庭结盟。他可以向父亲请教自己的婚姻问题。父亲也经常为儿子安排适合的结婚对象以巩固家庭地位。由此可见,地位和利益才是男人们结婚的主要动机。

婚前沐浴仪式

第二步是结婚仪式,这个仪式的主要内容是将新娘的所有权从她的父亲移交给新郎。这从晚上开始,新娘将搬进她的新家。结婚仪式包括三个重要的准备工作。第一是祭祀婚姻关系的守护神和女神——宙斯、赫拉、阿尔忒弥斯和阿波罗。祭品通常是新娘的所有玩具和与她童年有关的所有物品。

接下来,新娘的家人高举火炬至"卡利罗"(callirhoe)喷泉,从一个长颈花瓶中取回圣水供新娘进行沐浴仪式。在新郎的家中,新郎也会用从喷泉中取出的圣水进行沐浴。

新人的沐浴仪式

婚礼

在婚礼当天,两家人的房子都会用橄榄和月桂花环进行装饰。新娘在家中进行献祭之后,她会在自己的姐妹、女性朋友或伴娘的陪同下被带到婚礼宴会。新郎也在伴郎或好友的陪同下到达结婚现场。参加婚礼仪式的男宾和女宾分开入座。宴席上摆放着象征生

第三章　家庭生活与生产生活

一对新人在欢乐的婚礼队伍的簇拥下到达新郎的家。

育能力的芝麻饼。婚礼宴会结束之后，宾客们为新娘送上贺礼。然后，她乘着骡子或牛拉着的车子，带着象征着她的家庭责任的一个筛子和一个烤架来到她的新家。

亲友们手举火把，伴着笛声和琴声跟在新娘坐骑之后徒步来到新郎家中。在那里，亲友们在新婚夫妇的身上洒上坚果和无花果干，然后为她们端上用芝麻和蜂蜜做的结婚蛋糕。一切结束之后，他们便进入婚房（thalamos）。此时，宾客们在外面高声吟唱婚礼歌曲，以驱赶邪恶的灵魂。

男人提出离婚

即使没有充足的理由，男人也可以与妻子提出离婚，而且依据法律规定：妻子一旦被证实与人通奸，她的丈夫必须与她离婚，否则他将会因此丧失公民权利。对于妻子而言，只有一个限制让她的丈夫不会轻易提出离婚：当丈夫将妻子送回其父母家时，必须同时将结婚时带的嫁妆一并退还给她的娘家。

希腊男人结婚主要为了传宗接代。因此，不育是男人与妻子提出离婚的一个常见理由。一对夫妇的女儿可以嫁到其他家庭，从而帮助家庭间形成联盟；儿子可以继承家业，并且为父亲养老送终。男人必须至少有一个儿子来保证他身为父亲应该享有的身后荣誉，这对于死者而言是至关重要的。

女人提出离婚

女人想与丈夫离婚则困难得多，因为人们认为婚姻失败表明一个女人没有能力管理好自己的家事。妻子可以以书面的形式向负责司法的执政官提出离婚诉讼。但丈夫的不忠行为不能成为离婚的正当理由，因为希腊社会接受男人的完全自由。妻子如果能证明自己的婚姻中丈夫对她存在暴力侵害或虐待行为，执政官可能会同意她的离婚请求。但离婚以后，她仍然会面临许多问题。

一个被丈夫提出离婚的妻子，可以悄然回到父母家里，但一个对丈夫提出离婚的女人很难被家里人接纳。邻居们甚至是家人都对她避而远之，等待她的将是暗淡的人生。许多失婚的女人只能被迫沦为男人的情妇或"海泰拉"。

左图：按照雅典的习俗，一名双亲健在的男子结婚时要拿着一篮蛋糕向周围的亲朋好友宣布："我终于摆脱了不幸，找到了更好的生活。"以此表明新郎在自己的婚姻中做出了明智的选择。

下图：男人可以随时跟妻子提出离婚，将她送回娘家，并将他们的孩子留下。她可能从此再也见不到自己的孩子们了。

古希腊：生活在奥林匹斯山下

生育与教育

尽管古希腊人喜欢女儿，也必须有儿子来继承家业，但是由于贫穷或为了避免继承人之间为争夺遗产产生纠纷，他们通常不会生育太多子女。

一位祖母正帮她的女儿给饥饿的婴儿喂奶。孩子手里摇着拨浪鼓，正哭闹着想要引起大人的注意。孩子坐的高脚椅也是他的便盆。孩子的母亲正忙着和一位来访的朋友聊天。

为了避免有太多的孩子，堕胎和遗弃新生儿的事情极其常见，因为法律认为未出生的孩子是其父亲可以随意处置的私有财产。然而，妻子需要得到丈夫同意才能堕胎，女奴想要堕胎必须经过主人的许可。

只要孩子没有被命名或被接受成为社会成员，杀死婴儿也是被允许的。孩子的父亲一般不会亲手杀死自己的孩子，而是将他们抛弃到荒郊野外。孩子们通常会因恶劣的天气或饥饿丧命，或者被野生动物叼走。当然，不是所有被遗弃的孩子都会夭折。有些会被人收养，或是沦为奴隶。希腊神话中经常出现被父亲遗弃的孩子获救的桥段，其中最著名的是俄狄浦斯国王。他后来回到家中，在不知情的情况下杀死了自己的亲生父亲，并娶了自己的母亲。

在以严酷著称的斯巴达，新生儿会被送到长老面前，浸泡在冰冷的水中进行测试。那些身体虚弱或生病的孩子会被遗弃在泰格托山上，以确保种族的基因优势。

孩子的出生

古希腊人在家中产子。家里所有的女性都会围绕在临盆的女子的身边，由最有经验的女性负责接生。生产过程中如果遇到问题，她们也会去请医生或助产士。

新生儿出生之后，门前会挂起一些特殊的装饰以宣告孩子的降生：如果是男孩将挂起橄榄枝，女孩则是一块羊毛织物。孩子出生一周之后，家里人会举办一个仪式（amphidromia）。此时，母亲和所有在分娩期间帮助过她的人都将进行沐浴净身。

这个仪式也承认了孩子是社会的一员。从现在起，孩子已经正式成为社会公认的一员，父亲不再有权结束孩子的生命。

孩子出生后第十天起就有了名字。家人会聚在一起准备为他举办另一个献祭仪式和宴会。亲戚们为孩子带来礼物，其中主要是为孩子带来幸运的护身符。

上图：鹅、骑手和有活动关节的娃娃是孩子们喜爱的玩具。

右图：一个绘制红色图案的杯上描绘了一个男孩在玩铁环。

孩子的重要节日和宗族（phratria）

当男孩长到三岁以后将参加两个重要仪式活动：安特斯节（Anthesteria）和阿帕托利亚节（Apatouria）。第一个节日是纪念酒神狄俄尼索斯的节日，头戴鲜花的年轻男孩们还将参加第二天的酒壶节（Wine Jugs）。

在这个节日中，参加聚会的人们用一种特制的酒壶比赛饮酒。一声令下，参赛者尽快喝完酒壶中的酒，谁第一个喝完就成为获胜者。参赛的成年人几乎都将饮完一两升酒，就连孩子们至少也会喝上一小罐！

阿帕托利亚节是每年10月份为家里的男孩被正式介绍给男性家庭成员（phratria，宗族）而举办的家庭聚会。这是一个男人们谈论时事、举行祭祀并登记家庭新成员的聚会。父亲会在此时在众人面前宣誓自己的儿子是由一位具有公民身份的母亲所生，以便为孩子确立合法的公民身份和权利。

玩具与游戏

古希腊人喜欢送他们的孩子各种各样的礼物。他们可以从市场的商贩那里为孩子挑选玩具。他们也可以自己在家里用皮条为孩子做玩具，比如房子、货车和轮船等等。在比较宽敞的院子里或者农家院外，可能会有秋千。男孩们喜欢玩风筝、铁环、模型车和用长杆做把手的拉车。

人们将鹅卵石装进空心容器中制成婴儿的拨浪鼓，大一点的男孩用猪膀胱制成的球和木棍子玩一种集体游戏。孩子们还喜欢玩蛙跳、背猪和捉迷藏等游戏。但是当男孩年满七岁以后，他的游戏时间就结束了，现在是上学的时候了。

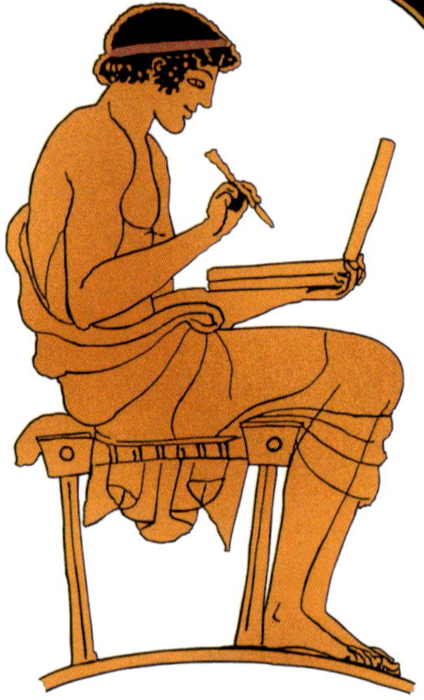

古希腊：生活在奥林匹斯山下

上图：一个红绘花瓶的碎片上描绘了一所学校里的情景。图中左侧，一个年轻人正在练习演奏音乐。图中央的位置，一个老师正举着一张字母表，让另一个男孩朗读上面的字母，孩子的"教仆"在他身后监督着他。

左图：一个男孩正在一块三叶蜡板上用手写笔练习写字。

下图：从十二岁起，体育成为学校教育的重要环节。

男孩的教育

为儿子提供教育是身为一名父亲必须尽的义务。无忧无虑的幼儿时期结束之后，男孩将被培养成模范公民——政客或士兵，而女孩则需要为将来的婚姻生活做准备。

只有儿子才能延续家族。至于他的姐妹们，女孩结婚之后的幸福就完全依赖自己的丈夫，她不太可能再见到自己的父亲了。因此只有男孩才能得到适当的教育。

居住在城市的学生将被培养成民主社会的精英阶层。由于所有男性公民都希望投身于政治、司法及政府工作，他们必须能够流利地阅读、写作，并懂得基本的算术。农村地区的教育水平低于城市。

职业培训

由于大多数城邦都效仿雅典的政府机构及社会形态，因此，让我们以雅典为例来看看男孩的教育情况。雅典没有政府设立的教育系统，因此那些负担不起私立学校学费的家庭，会将他们的儿子送到一位熟练的工匠或商人那里当学徒。

学徒制度帮助年轻人在学习有用技能的同时提高他们的教育水平。建筑工、商人、陶工、木匠或造船工等职业的学徒期通常从十二岁开始，至少持续六年。

男孩们的私塾

对于富裕家庭的男孩子来说，他们的学习生活更加丰富多彩。当男孩长到7岁左右时就不再需要保姆，而交给一位"教仆"（Paedogogus）照顾。"教仆"是一名被挑选出来的家庭奴隶，他时刻陪伴在孩子的身边。如果男孩犯错，他也可以予以惩罚。

"教仆"还会陪伴孩子去学校，监督孩子的学习。上课地点是教师的私人宅邸。由于音乐对于希腊人的生活非常重要，男孩们也需要学习唱歌和演奏竖琴、长笛的技巧。

法律规定孩子们夜间不得外出活动，孩子们的上课时间是从日出后大约半小时直到日落前半小时。因此，孩子们夏天待在学校的时间比较长，冬天就会短得多。

女孩子的教育停留在她的兄弟开始上学前的那一刻。女奴可以帮助女孩们进行更严格的礼仪训练，教授管理家庭所需的技能，女孩的母亲负责教她们纺纱和织布的技巧。

从学校到训练营

男孩成年之后都必须能够上战场杀敌。他们可以从步兵（hoplite）一步步地晋身为将军（strategos）。军队是通往最高政治地位的道路。因此，身体健康与文化学习同等重要，甚至更为重要。

男孩到了十二岁就必须开始接受体育训练，而且体育训练比任何其他科目的学习都更加重要。此时，私人教师家的安静生活被训练营上的喧嚣所取代。训练营（gymnasium）这个词来源于希腊语中的"Gymnos"，意思是"裸体"。因为男孩们在这里学习竞技和团体作战时都是赤身裸体的。

"教仆"和男孩子们要在天黑之前，尽快赶回家。

斯巴达的教育

像雅典人一样，斯巴达男孩在七岁的时候也会被从家中带走。然而，他所接受的教育是完全不同的。他将生活在集体宿舍中直至长大成人。他在那里与团队成员一起学习成为一名优秀的士兵所需的一切技能。

斯巴达的训练条件相当严酷。即使在严寒的冬天，孩子们也只有单薄的衣衫。他们严寒接受的惩罚也相当严厉。他们在这里的训练几乎不需要学费。经过这些训练的斯巴达人能够经受住任何艰苦的条件而没有怨言。作为这项艰苦训练的一部分，食物是严格配给的。孩子们经常被饿到不得不去偷东西吃。被抓住的孩子不会因为偷窃行为本身被惩罚，却会因为没能逃脱而受到严厉的惩罚。

男孩从十二岁开始接受军事训练，一直到二十岁为止。大多数年轻人会被军队录用，那些没有取得军衔的年轻人则在军政部门中服役，成为预备役军人。

斯巴达人的一生都将在军队里度过，没其他选择，直到年纪太大不能继续服兵役，或者在战斗中死去。

一个饥饿的男孩偷了一只狐狸，并将它藏在斗篷下。狐狸在孩子的怀里啃咬，但男孩为了不被抓住，只能咬紧牙关让狐狸撕咬他的肚子，直到死去。

古希腊：生活在奥林匹斯山下

体育训练营和军事训练

男孩们十二至十八岁之间要接受严格的体育训练，同时还必须在训练间隙完成学术课程。这个教育体系旨在培养体格强壮、知识渊博的男性领袖。

所有的体育训练都集中在一个露天运动场（palaestra）上。这个运动场的名字来源于这里进行的主要的运动项目——摔跤。男孩们的体育课程在一位手里握着长棍的"教仆"的指导下进行。他们在运动之前会伴随着音乐进行热身，然后参加摔跤、跑步、掷铁饼和标枪等训练。训练结束之后，全体成员会去浴室洗浴。

文化课则在运动场周围比较凉爽的拱廊或柱廊里进行。孩子们按照年龄分别安排不同的课程。各个班级轮流进行文化课和体育训练。在雅典，年龄较大的年轻人也可以进入专业学校深入地学习专业课程，比如艺术欣赏和演奏、科学等等。由此可见，雅典是一个十分重视艺术和文化修养的社会。

适龄青年

虽然男孩将接受大约十二年的学校教育，直到年满十八岁为止，但十六岁他就已经成年了。在他十六岁那年的十月，家庭聚会后的第三天，将为他举行剪发仪式以表示成年。男孩成年以后还将在训练营里完成最后两年的学业，然后就有资格接受正规的军事训练，以及宗教及政府职责的相关专业培训。

作为一名成年男子，他的第一个任务是向所属的德谟区（deme，当地社区）报到并进行公民登记。通常情况下，这只是一种形式，因为他的父亲在他三岁的时候就已经在宗族里进行了登记。

古希腊人旨在培养身心全面发展的青少年。图中一个忙碌的训练营里，一组年轻人正在运动场中进行训练，他们的老师在阴凉的柱廊下给孩子们上课。

"以弗所"的誓言

十八到二十岁之间的青年人，被称为"以弗所"（ephebo）。他们通常过着严酷的军旅生活。"以弗所"需要在雅典附近的阿提卡边境服役两年。他们在厄琉西斯的祭祀活动和泛雅典娜节等宗教活动中扮演着重要的角色。征兵入伍后，他们必须作为公民进行宣誓：

- 我绝不会让神圣的武器蒙羞。
- 我绝不会在战斗中背弃战友。
- 我将捍卫神圣的属于公众的政府。
- 我将尽己之能让祖国繁荣强大。
- 我将听命于长官并遵守法纪，保护他们不受歹徒的伤害。

我在诸神及祖国疆界的见证下立下上述誓言。

成为正式公民

如果愿意的话，"以弗所"可以在接受军事训练的同时继续接受文化教育。文化教育由专门雇佣的"智者"（sophist）管理。导师们在提高公民素养和政治才干方面对学生进行相关培训，包括演讲、辩论、修辞、推理、哲学和逻辑等各种技能。

许多智者由此建立起自己的高等学府，其中最著名的是由柏拉图创立的学院。这些高等学院培养出了一大批精明强干的年轻公民领袖，他们渴望通过雅典的进步发展推动自己的政治及军事生涯。这些领袖由此塑造了整个希腊，并肩负着国家的荣辱。

年轻人年满二十岁以后就不再是"以弗所"了，他从此便可以参加公民大会并开始行使公民权利。但他仍然必须保持健康的体魄，以便在国家需要的时候随时拿起武器保卫自己的家园（见78页）。

古希腊：生活在奥林匹斯山下

雅典商人之家

大多数古希腊人的屋舍都比较小，但在像雅典这样的大城市中，富裕的商人可以买得起豪华的房子。但这些豪宅在现代人看来并不算很大。

与古希腊的神殿不同的是，古希腊人的普通住宅几乎都是用泥砖建造的。房屋几乎没有窗户，房子的中心有一个庭院。这种开放式的房屋结构在农村占地都比较大，但在城镇就要小得多（如图所示）。房屋通常只有一层，会客厅、奴隶宿舍、厨房、私人房间和卧室环绕着庭院。一些城市的房屋有两层，卧室位于屋子的上层。

屋子里几乎都没有浴室。男人们在训练营洗澡，而女人们在黏土烧制的澡盆里洗澡。有钱的家庭可以用带底座的青铜澡盆。

妻子们几乎过着与世隔绝的生活。她们负责打理家务，很少被允许与家庭之外的人交往。即使家里来了客人，外男也必须与家里的女人们分开进餐。

1. 烟囱是屋顶上一个带盖的开口。

2. 在安敦，男宾斜倚在沙发上吃饭，由家里的奴隶负责上菜，旁边还有乐师来演奏助兴。

3. 前厅到餐厅的过道。一个奴隶正将食物从厨房端上来。

4. 储藏室有一扇通往街道的门，用于存放谷物、干货和新鲜食品。

5. 奴隶们在大厨房里做饭。他们可以拿到报酬，并且得到优厚的待遇。

6. 厨房旁边的房间有一个烟囱，厨房冒出来的烟可以将挂在墙上的鱼和肉熏制成烟熏食材，储存到冬天食用。

7. 门廊。一个门卫守卫着前门。

8. 通往上层走廊的楼梯。

9. 较大的房屋门口和街角放置着雕像。

10. 露天庭院，中心有一个家庭神龛。这是希腊家庭的中心。白天家人在这里休闲，孩子们在这里玩耍。庭院四周有一个带顶的阳台。

11. 庭院周围的二楼走廊。

12. 家中的主妇正在专供女人使用的闺阁里的织布机旁纺织。妻子和女儿要为家里所有人缝织衣物、毯子和挂毯。

13. 建在石头底座上的泥砖墙。地板由泥灰制成。

14. 希腊的房子只有几扇小窗户，可以起到夏季防暑、冬季保温的作用。人们在冬季会用小火盆取暖。屋内大部分采光来自开放式的庭院。

房屋平面图

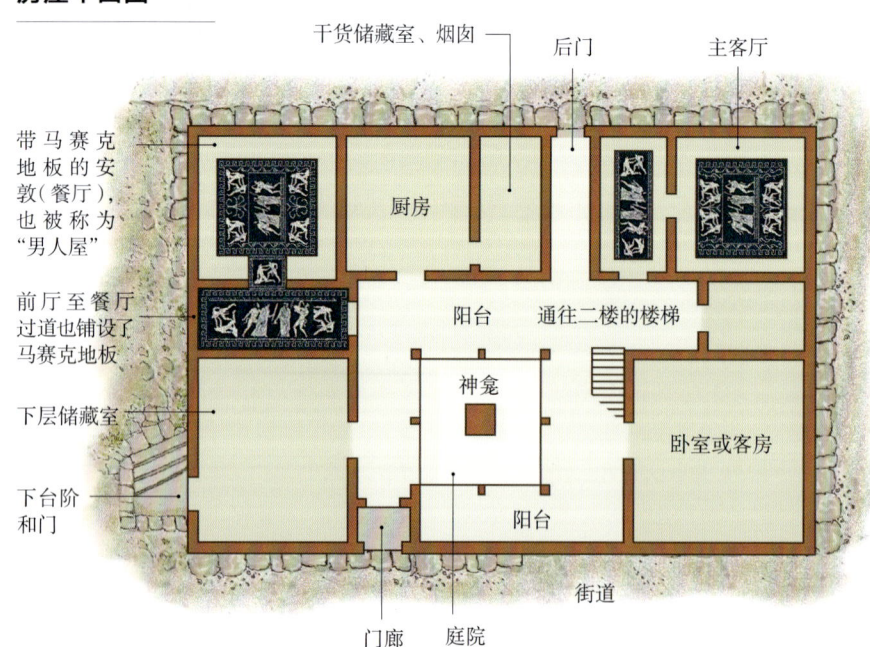

第三章　家庭生活与生产生活

希腊人称窃贼为"挖墙者"，因为他们想要进入没有窗户的房屋必须挖开泥墙。

古希腊：生活在奥林匹斯山下

古希腊人的服饰

在一个气候温暖（大部分时候非常炎热）且以身体曲线为美的地方，宽松、飘逸的服装自然最受人们的喜爱。

毛料或亚麻质的束腰外衣即"希顿"（见右图）。男人的款式较短，而女人的款式通常到达脚踝。这种服饰的另一种变形是专为女性设计的长而飘逸的长袍"佩普罗斯"，它的外面有时还会再加上一件"希玛修"（见图中穿红色服装的妇女）。在户外，女人们通常用面纱或高高的头巾遮住头，但图中展示的妇女都没有戴面纱，以便读者看清她们的服饰穿着。男人们有时会穿着"希玛修"（棕色服装的男子）或较短的"克莱米斯"（蓝色服装的男子）。他们的鞋子从轻便的凉鞋到结实的步行靴应有尽有。工匠和劳奴通常只是在腰间系上一块缠腰布（图中左上的两名男子）。

所有希腊服装基本上都是由一到两块大的方形布片制成，裹在身上并用几根别针巧妙地进行固定。这种服装很容易调整，它可以成为一件飘逸的披风，或通过一些搭扣便捷地改造成一件简单的工作服。

无论男女，最常见的是一种被称为"希顿"（chiton）的服装。这是一种由羊毛或亚麻布制成的长方形束腰大礼服。男人穿上长度刚好到膝盖，女人穿上通常接近脚踝。

希顿（chiton）与希玛修（himation）

男人穿的"希顿"左边是敞开的，小腿处用精美的银、金或骨质的别针固定。在封闭的一侧留有一个可以伸出手臂的开口。他们有时也会在外面系上一根腰带，让它形成类似衬衫的效果。

男人的手臂和头部都露在外面。他们在户外活动时会穿皮凉鞋、戴帽子，还可能穿一件叫作"希玛修"的斗篷。"以弗所"学员和年轻人外出打猎或骑马时经常穿着另一种称为"克莱米斯"（chlamys）的较短斗篷。

古希腊没有专业裁缝

从事贸易工作的男人常穿一种外面系腰带的短裙。男人们参加晚宴时也穿着类似款式的服装，只是裙子的长度直到脚踝。在当时男子裸体不被认为是可耻的，尤其是在参加体育活动、洗浴或在家时。

男人平常所穿的毛料服装通常都是由他的妻子和女儿们为他精心缝制的，因此这些衣服都很耐穿。古希腊的服饰在款式上的变化很少，因此当时几乎没有专业裁缝，只有布商和染色工匠。

女士服饰——"佩普罗斯"（peplos）

女人们常常会在"希顿"外面穿一种修身的飘逸长袍——"佩普罗斯"。这种服装从简朴到繁复有多种不同的变形。"佩普罗斯"从头部套入，再用细绳在肩膀和腰部进行固定。这种服装是无袖的，下摆通常装饰着彩色流苏。它的右侧开口，折叠后从肩部垂下。

"佩普罗斯"通常染成橘黄色，有些也被染成紫罗兰色、紫色或红色。很深的蓝色，如靛蓝色通常是表示哀悼的颜色。

女人们在家洗澡，男人们在体育馆训练营洗浴。

古希腊人的发型

古希腊男子早期流行蓄长发和长胡须，后来开始流行短款发型，并将胡须剃得很干净，而老年人会将胡须修剪得非常整齐。

女人出门时通常会将头发遮住，要么将头发束起来，或者戴上面纱。她们的头发很长，而且经常染成各种颜色。女孩们喜欢飘逸的发型或者卷成卷发，已婚女子通常将头发盘起来，用丝带、别针、头带或围巾进行固定。

她们还会佩戴手镯、戒指、耳环、项链等装饰品，而且常使用各种化妆品。眼睛涂上黑色睫毛膏，并用铅粉和腮红提亮肤色。妇女们也喜爱使用面霜和乳液来护理皮肤。

然而，优雅的女子通常只化淡妆。雅典有一部喜剧里曾经这样说道："如果你在夏天外出，你的眼睛会流下两道黑线；汗水会使你从脸颊到脖子出现红色的纹路；当你的头发碰到你的脸时会被脸上的铅粉染白。"

图中一位年轻女子正对着一面光亮的铜镜打量自己的头发。一个女仆正捧着一个首饰盒，里面装着一条女主人的项链。在她旁边放着一个熏香器，矮桌上放着一些小盒子，里面装着许多化妆品。

古风时期发型　　　古典时期发型　　　希腊化时期发型

古希腊：生活在奥林匹斯山下

古希腊手工艺之陶器

古希腊虽然没有裁缝，但他们有许多手工艺人，其中最常见的是陶器工艺。古希腊人将制陶工艺发展成了一种高超的艺术形式。

一个有钱的外邦人正在雅典陶器作坊的陈列区挑选礼物。房子的后面是工匠的作坊，一片忙碌的景象。

双耳罐（amphora）是一种有两个柄的储存罐，用于存放葡萄酒、油和谷物这类容易散落的物品。

古希腊主要的陶器是为日常使用设计的，除了实用性之外，它通常还绘制着精美的图案。这些图案以神话故事、英雄故事和事迹以及体育赛事和日常生活场景为主。

熟练的希腊陶工集中在城市的"克拉米科斯"（kerameikos，即陶器区）。他们的作坊通常很小，只雇用五六个人。他们制作较大的储物罐、烹饪用具、灯具、屋顶用的瓦片，以及漂亮的家用器皿，如花瓶、盘子、碗、壶、酒杯和用来调酒的"克拉特"。

更精美的陶器需要陶工和画师共同完成。

1. 陶器几乎都是在陶轮上制作完成的。一名学徒正在为陶工转动轮子。

2. 较大且复杂的壶是分开制作后拼接在一起的。壶的把手用手塑造，然后用湿滑的黏土将其与壶身连接在一起。

3. 做好的罐子晾干以后，画师就开始在上面进行装饰。

提水罐（hydria）是一种用于从公共喷泉中取水的罐子。它有三个把手，其中位于两侧的两个短把手用于提水，面向我们的突出部分是往外倒水用的。

第三章 家庭生活与生产生活

绘制完成的陶器被放入一种蜂窝状窑中进行烧制。这种窑炉有三个开口：一个填料门，一个顶部通风口和一个炉口。从炉口中可以放入加热窑炉的木材或木炭。

双耳大饮杯

基里克斯杯

酒杯的把手都比较大，方便躺在沙发上的主人拿取。这是三种最受欢迎的酒杯款式。

康塔罗斯杯

稀释后的葡萄酒先从"克拉特"中倒进上图的一种叫作"奥尼丘"（Oinochoe）的罐子里，再倒进酒杯中饮用。

黑绘图案　　　　同一款花色的红绘图案

"克拉特"是一种大型器皿，用于在餐前葡萄酒中兑水。上图中的"克拉特"上装饰着蜗壳形的把手。

黑绘和红绘器皿的制作

雅典人使用两种色彩对陶器进行装饰。第一种是黑绘陶器，流行于公元前550—公元前480年左右。后来，在公元前530年之后又发展出一种红绘陶器。红绘陶器的技术更为复杂，也更难上色。在这两种技术中，画师在完成的陶器上用黑色颜料画出图形。红绘陶器是通过在需要作画的位置留白，只描绘没有图案的部分来完成的。

被黏土、水和木灰的混合物涂上的区域将会变成黑色，再用线条刻画出画面的细节部分让红色显示出来。在燃烧过程中，当炉火达到某一温度时关闭窑炉的通风孔，以此切断氧气供应，使描绘在陶器的物质产生相应的化学反应，黑色图案便会显现出来。当温度继续下降时，通风孔被重新打开，黑色区域保持原样，陶罐的其余区域呈现鲜明的红绘图案。

古希腊：生活在奥林匹斯山下

古希腊手工艺之雕塑

到访过古希腊遗址的游客都会看到遍布各处的众多雕像。这些雕塑表现了许多不同的主题，其中最主要的是人体。

雕像被用于装饰神庙和百姓的房屋，以纪念那些传说中的人物以及现实中的伟人。人们还用它们来装饰陵墓。用于雕刻的通常是黏土、陶土（即"烤制过的黏土"）、木头、青铜和石头（通常是石灰石或大理石）这五种材料。

希腊多山的自然环境提供了大量的石材，但这些石材很难从采石场运送到位于城市的雕刻家的工作室。因此，大型岩块通常会在采石场中按照雕像的大致形状被切割下来以便运输，然后再由雕刻家们在他们的工作室里继续完成细致的雕刻工作。

完成的雕像会被涂上栩栩如生的色彩，有时还会用彩色的玻璃、石头或象牙镶嵌出人物的眼睛。花环、皇冠、武器或马具等细节是用凿子雕刻出来的，或者以青铜浇铸之后再安装在石头上。

下图：在一间忙碌的画室里，雕刻完成的雕塑被绘制了鲜艳的色彩。前景中的雕刻家完成的作品可以在74页看到。

由菲迪亚斯复原的帕特农神庙中雅典娜的巨型雕像。令人惊讶的是如此巨大的雕像竟然完全由象牙和黄金制成。

用黏土制成的小型雅典娜雕像深受雅典游客喜爱。

木质、青铜以及陶土雕像

木雕适合室内装饰，由于木头比较容易腐烂，木雕通常不用于室外装饰。青铜雕塑是以三种不同的方式制成的（见60页）。

陶塑不适合做成大型造像，主要用于一些小型雕塑和寺庙的匾额。可能因为陶土是比较大众化的材料，所以陶塑主要用于塑造理发师在理发、屠夫在切肉、居家庭院等工作和生活场景。

第三章 家庭生活与生产生活

一匹栩栩如生的青铜赛马。

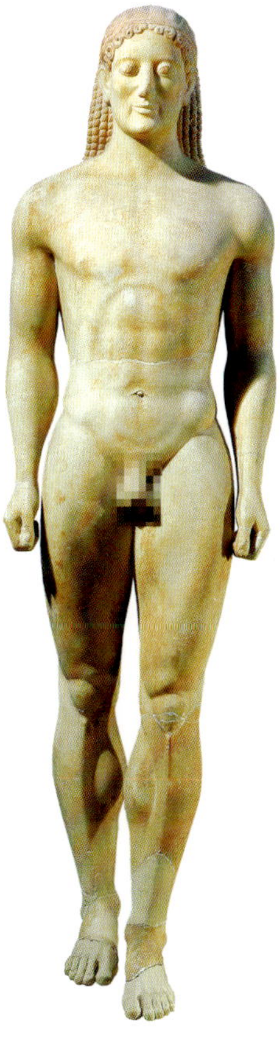

早期的希腊雕刻家模仿古埃及雕塑的姿势,雕刻称为"库里"(kouroi)的青年男子的雕像。随着这些雕像变得越来越逼真,雕刻家们也逐渐开始塑造裸体女性雕像。

泥塑玩具

虽然泥塑是陶艺的一部分,但也有几乎不制作陶器而专门从事泥塑工艺的陶工。泥塑可以是手工制作,也可以使用烤制的泥塑模具进行批量制作。古希腊的泥塑种类繁多,令人惊叹,其中有骑手或没有骑手的马以及狗的形象最受欢迎。在模型师满满当当的货架上堆放着玩偶、船模以及食物、微型锅具、家具甚至是小屋顶瓦和镜子等等各式各样的精致玩具,随时可以出售给想让孩子开心的父母们。

描绘神灵、女祭司和战士的浮雕牌匾是大批量生产的。它们通常是神庙中用于供奉神的祭品,其中尤以治疗之神阿斯克勒庇俄斯的牌匾(见86页)居多。

下图是一家科林斯工厂的画面,从中我们可以看到模型工将黏土压制成模具的场景。在他的手边可以看到一个泥塑娃娃的躯干模型和一件做好的成品。一组上色完成的小人站在左边的桌子上。一个男孩正将一盘制作完成的小人搬到位于屋檐下的储物架上。

59

古希腊：生活在奥林匹斯山下

古希腊手工艺之金属匠人

在金属作坊中工作的工匠们，都居住在他们的守护神赫菲斯托斯的神庙附近。这里的空气中充斥着众多大小作坊的锤打声和金属冶炼的喧闹声。

青铜

铜来自塞浦路斯和地中海东部，锡从西班牙、布列塔尼甚至遥远的英国康沃尔的矿藏运来。将这两种金属一起进行冶炼，便产生了青铜合金。

青铜可以用来制作许多日常用品，如餐具和妇女们使用的铜镜。用它制作的塑像也非常受欢迎。早期的青铜雕塑是将青铜片在木质模具上敲打制成。后来，铜匠们用铸模制成小型浇铸塑像。

"失蜡法"不仅被用于制作小型塑像，也被用于制作大型塑像。这种铸造工艺利用了内部空心的结构可以大大降低其成品重量的原理，如前页所见的公元前4世纪的青铜马。

"失蜡法"的塑造过程是先用黏土制成塑像的形状，并在黏土模型中插入一根青铜针，然后在黏土模型周围用蜡雕出一个精致的模型，再在其外表用黏土覆盖。接着，将用黏土和蜡制作的三层结构的模具放入窑中烧制。蜡模遇热熔化，在内、外两层黏土模具中留下一个完美的镂空模型（插入的青铜针在蜡熔化时可以保持内层黏土芯的位置）。

接下来，将熔化的青铜倒入外模和内模之间。待其冷却之后，敲碎外模露出完成的青铜塑像。内模可以通过塑像底座上的一个小孔打破并清理出来。青铜也被用于制造士兵的盔甲（见78-79页），但是由于铁的硬度更高，士兵们使用的武器通常用铁制成，比如铁剑和矛头等等。

铁

在有刃的工具和武器方面的制作中铁远胜于青铜，因为它可以使刀口硬度更高也更锋利。它在公元前1050年首次在希腊使用。从那时起，冶铁技术得到了很大的改进。在冶铁过程中，熔炉的温度比制造青铜器时高得多。

将青铜片在木质模具上敲打以制造青铜塑像。

一种青铜酒器"维克斯克拉特"（vix krater，以它的发现地所在的法国小镇命名），体型非常巨大。它高约1.65米，重约207千克，可以装1200升葡萄酒，足够举办20多场宴会了！

上图：铁匠们炼铁的场景。

左图：一枚刻有生育仪式场景图案的金拇指环。

黄金和白银

黄金和白银等贵金属被用于制作各种珠宝、奢侈品和硬币。一些雕像是用象牙和黄金制成的，如58页所示的帕特农神庙中的雅典娜雕像。银最广泛的用途是铸造硬币（见66页）。

银矿在雅典附近的劳里奥进行开采。这些矿坑被政府出租给私人承包商。银矿的生产环境非常恶劣，矿工轮班工作长达10个小时。哲学家亚里士多德将奴隶视为"会呼吸的财产和有生命的工具"。古希腊最不幸的奴隶是那些被迫在劳里奥银矿（下图）工作的劳工。

右图：用来装亚历山大大帝的父亲——马其顿国王腓力二世骨灰的一个黄金骨灰盒。

矿井位于地表以下约91米处。

矿井内部结构

1. 通风井。

2. 垂直向下进入矿井的通道宽度不足1.83米。矿工们使用木梯下井。

3. 矿石被装入一个吊在滚筒上的篮子里，拉到地面上。

4. 石柱被用于支撑矿井顶部。

5. 油灯提供照明。

6. 矿工们用凿子和锤子开采矿石。

古希腊：生活在奥林匹斯山下

古希腊手工艺之木工与建筑

木匠分为家庭木工和建筑木工两类。第一类木工主要制作家具，第二类是建筑师队伍的重要成员。

古希腊家庭中的大多数家具都是由木头制成的，穷人和富人之间的风格差别不大——富裕家庭的家具只是更华丽、装饰得更讲究。最好的作品是精心雕琢的，可能有象牙、金和银等镶嵌物。灯台等物品是由青铜制成的，上面有陶制灯具。

座椅

最常见的座椅是矮凳的形状，有固定或折叠的腿和皮革或编织的座位。

"克里斯莫"（Klismos）是一种妇女喜爱的带靠背的椅子。

桌子

桌子有各种形状和大小，但通常都较矮，不用时可以收到靠椅下面。大多数桌子都是三条腿或在中央有一根支撑杆。

"一家之主"一般坐在一个有靠背和扶手的大座椅上。这种椅子的靠背有衬垫，坐上去非常舒适。

靠椅和床

床和餐椅的款式非常相似，木床架上系着皮革条或编织物。床上放着床垫和靠垫，上面带有床罩。

储物箱

木头被用于制作各种箱子和小盒子，这些木制品被用来装珠宝、衣服和床上用品等等。

建筑工艺

古希腊建筑师不太关注普通建筑和私人宅邸，这些都是简单的泥砖建筑。相反，古希腊的公共建筑非常讲究。这些建筑集中体现了他们的公民自豪感和宗教信仰。一座城市拥有的公共建筑越多，城市的地位也就越高。希腊神庙的建筑风格及典型的建筑类型详见24-25页。

这些宏伟的纪念碑式建筑很大程度上要归功于古希腊木匠的精湛技术。他们在施工的过程中需要使用脚手架并安装起重机械。建筑接近完工时，他们还必须安装木质的屋顶和天花板。

公共建筑基本上由石块和石柱组成。这些基础建材通常都是石灰石和大理石，但西部殖民地也使用较软的砂岩。经过粗加工的石块从采石场运来，由泥瓦匠用锤子和凿子在现场进行进一步加工。

圆形立柱是由圆柱形的石头制成的，称为"圆桶"。石匠们在"圆桶"被安装到地面上以后才开始在上面凿刻出凹槽，只有当整个立柱（通常由11个"圆桶"组成）安装完毕以后才最后完成凿刻。

石匠们使用绳子和滑轮将沉重的石块搬运到建筑物的顶部，再用杠杆将它们移动到位。每个石块的末端都有一个预先制作好的凹槽，这样它就可以通过一块叫作"扣钉"的金属片与下一个石块进行连接。上下"扣钉"之间又通过"销钉"连接起来。

构成立柱的"圆桶"由滑轮组吊起。石匠们在地面上制作好"圆桶"之后，在上面留下四个凸起，再用绳子绕着这些凸起将"圆桶"吊起来。当"圆桶"安装到位以后再将这些凸起清除掉。当石块和立柱安装好了以后，学徒们就开始使用坚硬的石头和润滑剂对其表面进行抛光。

常见的公共建筑

门廊（stoa 或 porch）是一层或两层结构的建筑物的走道，即是前面开放式的柱廊，通常被用作商店或办公室。

祭坛通常位于寺庙前的空地上，供公众礼拜和祭祀之用。它通常只是由简单的石板构成，但也有些如上图所示的华丽祭坛。

索洛斯是一座带有圆锥形屋顶的圆形建筑或神庙。雅典的普里塔尼神庙就是典型的索洛斯风格建筑。

右图：为了纪念著名事件或英雄而竖立的祭祀雕像。

上图："宝库"是一种小型圣殿建筑，用于存放贵重的祭品，如供奉神的战利品。

"普罗皮伦"（propylaea 或 propylon）是一种精致的大门，通常出现在宗教圣地，如雅典卫城的城门。

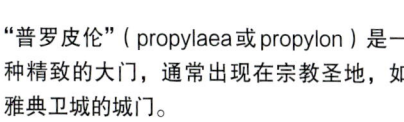

修建神庙

图中右侧的两个工人正在安装立柱的最后一段"圆桶"。位于下面的一段"圆桶"中心有一个帮助对准的木块。安装时只需要大致对齐上下"圆桶"的凹槽，安装完成后再将整个立柱的凹槽精细地凿刻出来。安装到位之后，用于悬吊"圆桶"的凸起部分将被拆除。图中前部的两个工人正在安装一个石块，第三个工人正在固定已经安装到位的石块。我们可以在图中清楚地看到用于固定石块的"工"字形扣钉。

第四章
和平与战争

城邦中心——露天集市

古希腊的露天集市"阿戈拉"是一个供人们发表自由言论的公共场所。人们可以在这里公开讨论国家事务，当然也不乏有人传播各种流言。它是贸易和政治中心，政府在这里召开会议，战争的决议也在此处产生。

古希腊的每个城市中心都有一个露天集市。它既是城市的商业生活中心，也是社会活动中心。古希腊最大的露天集市位于雅典。这里曾是一条用于每年举行宗教运动会的古老赛道，后来逐渐发展成为一个作为城市政治中心的露天集市。

周边地区的农民来到露天集市搭建他们的摊位，出售肉类、家禽、鱼、蔬菜、奶酪、水果、鸡蛋等各种农产品。集市附近有许多手工作坊，聚集了大量专程前来寻求工作的各行业的手工匠人。

城市的政治中心

广场的东面和南面建有巨大的石拱门廊、柱廊或拱廊，为来往的人们提供庇荫纳凉的场所。此处还设有许多小商店和办公室。商店是开放式的，门口设有柜台。由于商店的租金比市场的摊位费贵，因此这里以出售奢侈品为主。

在广场的西面坐落着各个政府部门的大楼，其中包括议事会和雅典的军事指挥中心——战略部。战争期间，议事会任命一位最高指挥官负责指挥海军和陆军。在其他时候，议事会聚集了许多行使将军职责的议员。

广场中还有许多祭坛和寺庙。这里集中了希腊城市中最重要的设施。

城市的商业中心

A. 雅典由五百人议事会（Boule）进行管理。他们定期在新旧大会堂里召开会议。五百人议事会又进一步选举出50名议员组成常务委员会，称为"五十人团"（Prytani）。他们在圆形议会厅中召开会议。此处也是存放官方度量衡的地方。

B. 早已废弃的旧法院（右上角）所在地。所有的诉讼案件都在位于市场南面石拱门廊内的新法院（Hellaea）进行审理。

C. 位于集市中心的古老赛道已经在林立的摊位和小型商店的淹没下失去了踪迹。

货币的出现推动了贸易发展

与美索不达米亚人和古埃及人不同的是，古希腊人在贸易中使用了货币。虽然古希腊比较贫穷的农村地区仍然盛行以物易物的交易方式，但货币交易是集市的主要交易方式。

早在公元前7世纪末，第一批货币就从小亚细亚的一个叫吕底亚的小国被带到了希腊。吕底亚的首都位于萨迪斯，吕底亚人与爱奥尼亚海岸的希腊人做买卖，并从那里将货币的使用传播到了整个希腊及其殖民地。

早期货币的原料是金银合金（Electrum）——一种自然状态下的金和银的合金，用它制成的货币在一些落后地区流通，但大多数货币是由纯金或纯银铸造的，从而保证了每枚硬币的纯度。

古希腊各个城邦都会铸造自己的硬币以彰显其独立性。对于各城邦而言这是一种荣誉和骄傲，唯一的例外是斯巴达。直到公元前4世纪，斯巴达一直使用铁币而非由金银合金制造的硬币作为流通货币。

古希腊硬币

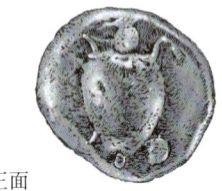

正面　　　　　　　　　　背面

一枚公元前560年埃吉纳岛铸造的钱币。钱币正面的海龟图案与赫拉崇拜有关，它的背面有代表铸造地的城邦徽章。

公元前525年埃雷特里亚发行的一种银币。埃雷特里亚地区有希腊最早用纯银代替金银合金铸造钱币的造币厂。银币的背面是一只乌贼。

由银金合金铸造的第一批希腊钱币，上面印制着发行城邦的徽章，表明其重量和纯度是由官方保证的。

正面　　　　　　　　　　背面

公元前413年西西里岛锡拉丘兹（Syracuse）发行的银币，它的正面刻着一辆战车，反面是城邦的标志——女神阿瑞塞莎（Arethusa）的头像以及海豚图案。

公元前600—公元前480年，动物最常出现在钱币上。它们通常是发行城邦的象征，或与该城邦的主要宗教崇拜有关。

左图：公元前359-公元前336年马其顿腓力二世时期的金币。

右图：公元前334年刻画了亚历山大大帝头像的银币。

公元前480年以后，由于铸造技术的进步，钱币上开始出现人物面部以及较为复杂的场景。

希腊化时期，铸币技术飞速提高，统治者的头像开始出现在钱币上。

标准化度量衡

城邦必须确保在集市购物的人们不会被商人欺骗。在露天集市的圆形议会厅里保存着雅典的官方标准度量衡。这是一座位于大会堂附近的圆形建筑。官员使用标准度量衡检验集市商人使用的度量衡。

每年都会选举出十位负责检验重量和长度的政府官员（Metronomoi），以及负责检查

上图：一个标准量筒

右图：一个商人通常使用的石质砝码

商品质量的官员（Agoranomoi）和负责管理粮食交易的官员（Sitophylake）。雅典三分之二的粮食需要从希腊殖民地进口，因此粮食贸易对希腊经济至关重要，必须谨慎对待。粮食贸易中的欺诈行为是一项相当严重的罪行。

货币兑换商通常都是外邦人或外国人。他们很高兴希腊各城邦发行不同的货币，他们因此才能在每笔交易中获利。

货币兑换与银行业

各个城邦发行自己的货币，意味着商人想要在城邦间做生意，就必须先到专门从事货币兑换业务的商人那里去。这些货币兑换商通过收取一定的费用来牟利。

在每个城邦的露天集市上，人们都可以在一种专用摊位上找到被叫作"桌上人"的货币兑换商。他们之间的竞争非常激烈，都希望向顾客提供更优惠的汇率。尽管如此，"桌上人"还是生意兴隆。有些"桌上人"牟取了可观的利润，甚至可以向其他商人或普通市民提供借贷业务。

在雅典，私人银行是远距离贸易的重要环节。雅典每年需要进口数百艘船的货物以维持市民的日常生活所需，而几乎所有这些货物都依赖贷款。

雅典的私人银行在到岸港口设有办事处，商人们可以安排银行信用担保与货物同行，并在对岸银行支付其贷款利息，以此避免了运送大量现金的危险和不便。

银行业的迅速发展彻底改变了贸易格局，使雅典及比雷埃夫斯港成为地中海最重要的商业中心。

古希腊：生活在奥林匹斯山下

贸易与交通运输

希腊大陆多山的地貌，诸多的殖民地、岛屿以及希腊城邦之间几乎永无休止的战争，使得海上交通成为古希腊人最实际的出行方式。

古希腊沿岸有许多安全的港口，大多数货物运输商也都乐于载客以赚取费用。然而，海上旅行也有风险。海上常有风暴，沉船事故频发；船只也可能因缺乏风力而搁浅或偏离航道；海上还时常有海盗出没；据说甚至有些肆无忌惮的船长一旦出海就开始抢劫乘客。

对旅程感到忧虑的人出海前通常在港口附近的祭坛前列队向波塞冬献祭，以祈求旅途顺利。

商船

古希腊很少有多层结构的商船，因此船上一般不提供住宿。只有稍大一些的船上才有一个专门供船长使用的小船舱。因为商船都很小，它们很少在恶劣的天气航行。如果暴风雨来临，船只会停靠在港口边。它们在夜间也会靠岸，船员与乘客一起在海滩上过夜。

外邦人与奴隶

在古希腊居住和工作的外来人口（包括来自其他城邦的希腊人）被称为"外邦人"（Metics）。他们是古希腊人口的一个重要组成部分，仅雅典就有 25 000 多名外邦人。他们大多数是从事航运和进口业务的商人，为雅典经济发展做出了很大的贡献。雅典本地人很少从事商业贸易。外邦人中还有许多工匠、医生、哲学家、教师，甚至著名艺术家。

外邦人虽然作为非公民不被允许拥有固定资产或土地，也没有选举权，但他们必须纳税，在需要的

一艘配有桨和帆的被称为"科科罗斯"的商船（kerkouros）。它船头通常装着撞角以对抗海盗的船只。

希腊大部分地区缺乏造船用的木材，因此用于建造船身的松木和建造桅杆的柔韧的云杉都来自色雷斯、马其顿或腓尼基（黎巴嫩）。

这种精心设计的大型双耳细颈瓶可以多层紧密堆放。将它们运送到目的地之后，可以直立放置在松散的沙滩上。

时候还会被征召服兵役。

奴隶的地位比外邦人还低，但他们也是古希腊经济和社会结构的重要组成部分。雅典的阿提卡地区拥有多达10万名奴隶，约占总人口的一半。希腊其他地区没有那么多奴隶。

奴隶贸易在当时是一项生意兴隆的行业。被买卖的奴隶来自世界各地，其中以黑海沿岸、色雷斯、中东和小亚细亚沿岸为主。

根据雅典法律，大多数奴隶都待遇尚可，并享有一定的权利。他们甚至可能拥有收入。他们的队伍中不乏技艺高超的工匠。但劳里奥银矿的奴隶必须在恶劣的条件下工作，因此，他们的寿命通常很短。

方形帆船的防滑钉（一种甲板配件）上系着亚麻或大麻绳。

船只由位于船尾的两个方向舵操纵。

货物存放在甲板下面。

陆上交通

古希腊只在城邦与邻近的宗教中心之间修建比较好的道路，比如从雅典到厄琉西斯之间的公路。其余道路的路况都很差，大都是被人踩出的小路。古希腊境内几乎没有跨越河流的桥梁。这就意味着陆路交通非常困难，加之城邦间战争不断，比较偏远的地区几乎都在土匪的控制之中，使得陆路出行相当危险。

牛车通常在主要城邦之间的短距离内使用，因为那里的道路条件相对较好。更长距离的陆路运输需要依靠习惯于在贫瘠的丘陵地带负重工作的驴或骡子。

对于大多数出行者来说，陆路出行通常意味着长途跋涉，并且必须结伴而行以抵御土匪的袭击。如果是独自一人出行，一定要带上足够的装备。主要道路沿途有一些旅店可以投宿，但他们只提供一张床铺，不提供餐食。因此，除了其他的必备行李之外，旅行者还必须带足干粮。人们也可以在亲戚家中暂住，或者睡在位于城市中心的公共建筑的柱廊下。

科林斯的"迪尔科斯"

尽管科林斯地峡很窄，但这里地势险峻难以开凿运河。因此，聪明的科林斯人建造了一条"迪尔科斯"（diolkos）。这是一条连接萨罗尼克湾和科林斯湾的人工铺砌的滑道。它使船只在爱琴海和亚得里亚海之间航行的距离缩短了185海里（约343千米）。

奴隶们拉着一种载着船只的轮式车辆——"奥尔科斯"（olkos）——穿过地峡。"迪尔科斯"是一条宽度约为10英尺（3米）的石灰岩道路。

从图中描绘的一段"迪尔科斯"上可以看出它的路面已经被载着船只的"奥尔科斯"的车轮磨出一道道沟槽。

古希腊：生活在奥林匹斯山下

古希腊的政治特色——民主制度

雅典的城邦发展出一种当时人类文明中最复杂的政府形式——"民主"（demos kratos），或者说"人民权力"。除了斯巴达之外的所有希腊城邦都效仿了这种政府形式。

政治家克利斯提尼的政治改革（约公元前570年至公元前508年）让雅典人民享有了民主权利，他们有权就政府的行政事务进行投票，并且竞选公职。然而，只有各城邦的在册公民才享有这一权利，妇女、外邦人和奴隶都被排除在外。合法公民必须属于阿提卡当地社区，并且必须在当地社区进行过登记注册。

阿提卡的当地组织

根据克利斯提尼的改革，阿提卡地区（雅典及其周边地区）被划分为170个"德谟区"（也称为"当地社区"）。每个德谟区都有自己的地方长官和地方政府。所有符合条件的公民即使搬到了国内的其他地方居住，也必须依据自己注册的社区进行投票。

按照古老的习俗，每个人都归属于一个氏族或部落。阿提卡地区共有十个氏族，每个氏族都以阿提卡历

五百人议事会要让一项新的法律条文在公民大会上被通过，需要经历一个艰巨的过程。与会者不允许迟到，在前景中我们可以看到一名奴隶正用绳子将红色染料在迟到者的外衣上作标记。

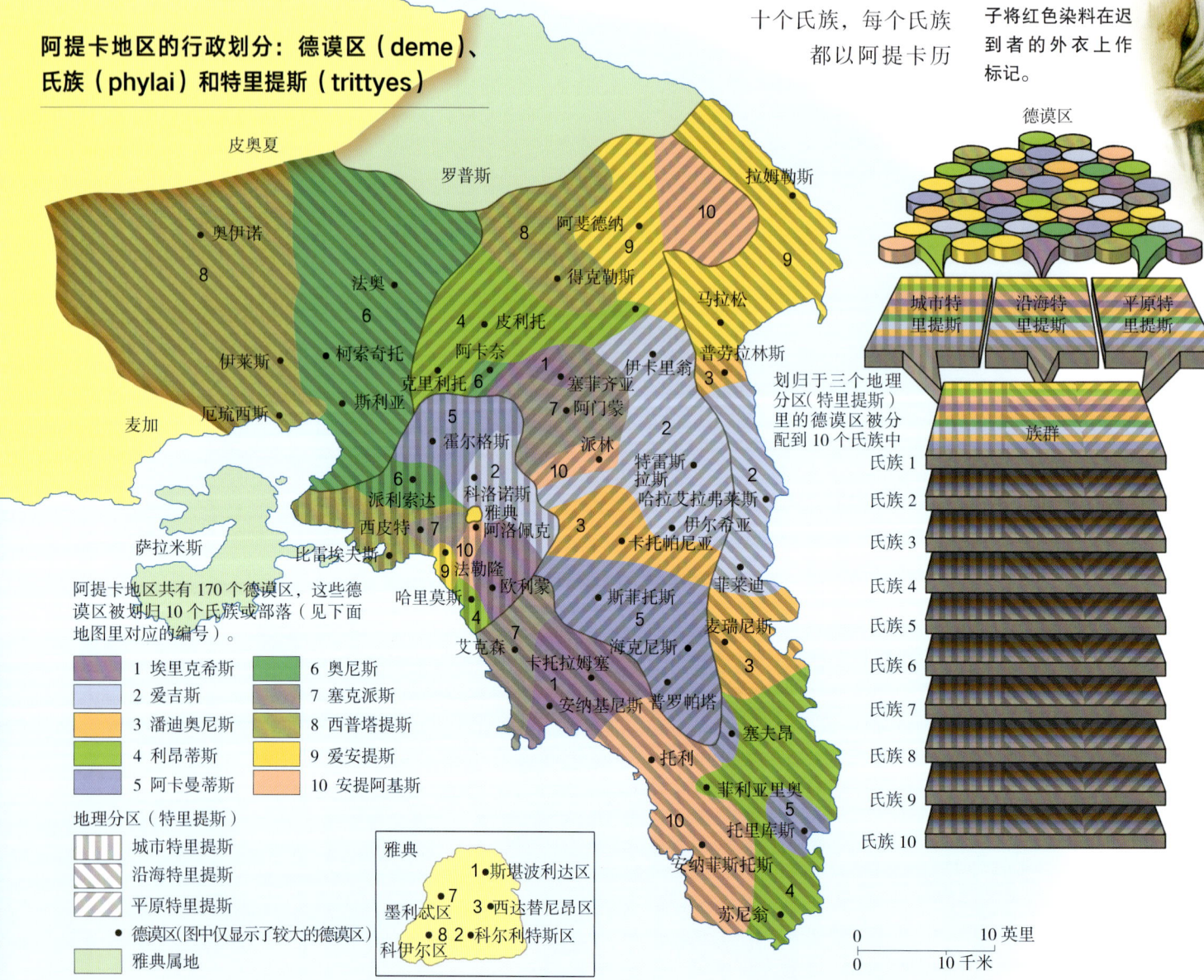

阿提卡地区的行政划分：德谟区（deme）、氏族（phylai）和特里提斯（trittyes）

阿提卡地区共有170个德谟区，这些德谟区被划归10个氏族或部落（见下面地图里对应的编号）。

1 埃里克希斯　6 奥尼斯
2 爱吉斯　　　7 塞克派斯
3 潘迪奥尼斯　8 西普塔提斯
4 利昂蒂斯　　9 爱安提斯
5 阿卡曼蒂斯　10 安提阿基斯

地理分区（特里提斯）
- 城市特里提斯
- 沿海特里提斯
- 平原特里提斯
- 德谟区（图中仅显示了较大的德谟区）
- 雅典属地

划归于三个地理分区（特里提斯）里的德谟区被分配到10个氏族中

第四章 和平与战争

史上传奇英雄的名字命名。"氏族"（phylae）或称为"部落"是最基本的行政单位，每个氏族包含数量相等的"德谟区"（deme），以此形成十个基本行政单位，每个氏族包含 17 个德谟区。

每个氏族中的德谟区再根据不同的地理位置进一步被划分成三个特里提斯（trittyes）：城市特里提斯、沿海特里提斯或平原（内陆）特里提斯。这种行政划分方式形成的最终结果是每个部落都包含城市、农村以及沿海地区的人口。

由于同一族群被分散在阿提卡地区的各处，他们必须同心协力才能维护本氏族的共同利益。这套行政划分系统相当复杂，左页的图可以帮助我们对它进行理解。

五百人议事会

各氏族选出 50 人组成"普里塔尼"（Prytani），十个氏族的"普里塔尼"最终形成"五百人议事会"（Boule）。为了确保各氏族之间权利均衡，每个氏族的"普里塔尼"在其任期的 36 天内负责管理国家事务。当值的"普里塔尼"在位于雅典的阿戈拉市场（露天集市）的大会堂里召开会议。为了应付所有的突发事件，这些人在其当值期间吃住都在这里。"五百人议事会"的主要职能是制定法律和政策，并使其在公民大会上得以通过。

公民大会

每个公民都有权在"公民大会"（Ekklesia）上发言和投票，该集会大约每十天在普尼克斯山上举行一次会议（见 65 页的地图）。公民大会对"五百人议事会"的提议进行讨论，并通过集体投票的方式对政府资金的支配、战争决策以及组建联盟等等政府事务形成最后的决议。

当然，阿提卡地区的 40 000 名公民不可能全部都能到现场参加每一次投票。因此，只要投票人数不低于 6 000 人则该投票结果就被视为合法。如果参加投票的人数实在太少，政府将派出奴隶拿着浸有红色颜料的绳子对迟到或缺席的人进行标记。那些被做了标记的人会被处以罚金。

斯巴达政府结构

与其他国家不同的是斯巴达政府由君主、长老会和公民大会共同执政。斯巴达有两个王室以及两个国王共同行使统治权。国王负责对外领军作战，但他们在国内的权力仅限于宗教职责。由两位国王、二十名由公民大会——"阿佩拉"（Apella）——选举出的年龄在六十岁以上的议员组成的元老会议（Gerousia）行使对国家的管理权。"阿佩拉"包括当地所有三十岁以上的公民。与雅典的公民大会不同的是，"阿佩拉"无权对议会提出的议案进行辩论或修改，只能投"赞成"或"反对"票。

古希腊：生活在奥林匹斯山下

民主制度下的公民责任

公民具有对国策进行投票的权利，同时也具有相应的责任。每个公民都有责任积极参与政府和法律体系的运作。

雅典九位执政官中最重要的三位，从左上角顺时针排列分别为：司法执政官、名年执政官和军事执政官。

伟大的军事家及卓越的政治家伯里克利。他使用提洛同盟的战争资金打造了美丽的雅典城。

下图：塞米斯托克利斯将军率领雅典军队对抗波斯侵略者。

将军（The strategoi）

由公民选举产生的十位分别代表十个氏族的将军是最高级别的政府官员。他们可以多次连任，每次任期为一年。将军对军队和经济都有巨大的影响力，负责执行"五百人议事会"对于国内外事务的决议，并担任驻其他国家大使。将军还需要就其行政活动及政府经费去向等问题对公民大会负责。

伯里克利的影响力

古希腊最著名的将军是公元前5世纪中叶的雅典政治领袖伯里克利。波希战争后，伯里克利掌权，并将雅典与其盟国一起打造成为雅典帝国。由于同盟宝库最初位于提洛岛，由此得名"提洛同盟"。伯里克利后来设法将宝库转移至雅典。帕特农神庙是伯里克利使用同盟宝库建造的众多精美建筑之一。

执政官（The archons）

每年从公民中通过抽签的方式选举出九名执政官，负责审理公民大会受理的法律案件，并负责组织各种宗教仪式。其中三位执政官分别被赋予了特殊的职责，是最重要的政府官员。

其中，军事执政官（Polemarch Archon）负责处理与外邦人有关的法律事务。他还负责运动会的组织工作以及烈士的纪念活动。

名年执政官（Eponymous Archon）负责组织酒神节中的戏剧、合唱等活动（见90—91页），还负责处理涉及遗产纠纷的法律诉讼。

最高级别的执政官是司法执政官（Basileus Archon），他在位于战神山的负责审理谋杀案的最高法庭。他还负责安排宗教祭祀、寺庙土地的出租管理以及监督酒神节的祭祀活动。

法律

每位公民都有责任参与并维护法律系统。公民可以通过法院行使很大的权力，他们甚至可以对战败的将军进行审判。财产和继承权方面的小型诉讼更是司空见惯。

所有30岁以上的公民都可以自愿加入陪审团。为了确保贫穷的公民也可以参与其中，各城邦政府从政府财政中调拨小笔款项用于支付陪审员工资，以弥补陪审工作期间的收入损失。法院没有律师或法官，由首席执政官负责监督案件审理过程的公正性，并确保当事双方对审理结果没有任何异议。

案件的审判过程中，至少需要201名陪审员。他们是通过一种投票器（kleroteria）从志愿者中挑选出来的。在案件审理过程中，当事双方可以在相同的时间长度内对案情进行陈述。法庭通过一个装水的漏壶来衡量双方陈述的时间。当一方的陈述时间结束时，他们必须立即停止自己的陈述。

每个陪审员都有两个铜盘，一个是实心的（代表无罪判决），另一个是空心的（代表有罪判决）。在审判结束时，陪审员将代表各陪审员意见的铜盘交给一名官员。最后，根据少数服从多数的原则决定最终的审判结果。

政府负责监督审理的公正性并负责对罪犯执行死刑、致残、监禁、拘留、罚款和流放等惩罚。

陶片决定流放

流放是对罪犯及那些不受欢迎的人物（通常是政客）的一种常见处罚。每年在公民大会上举行一次对于流放者的投票。每个出席会议的公民在一块被称为"奥斯塔肯"（ostrakon）的特质陶片上刻出自己希望流放的人的名字。

流放判决至少需要6 000张票。一旦被判处流放，该公民必须在十天之内离开雅典，流放期为十年。

每一个法庭外都有一台用来挑选陪审员的投票器。雅典公民将一张青铜身份证（Pinakia）放入狭槽里。旁边的管子里会随机地落下一个黑球或者一个白球，以决定该公民是否将成为当天的陪审团成员。

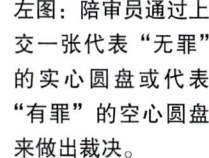

左图：陪审员通过上交一张代表"无罪"的实心圆盘或代表"有罪"的空心圆盘来做出裁决。

伟大的政治家塞米斯托克利斯战败后被判处流放。图片中刻有他名字的陶片即是陪审员投下的放逐这位将军的陶片。

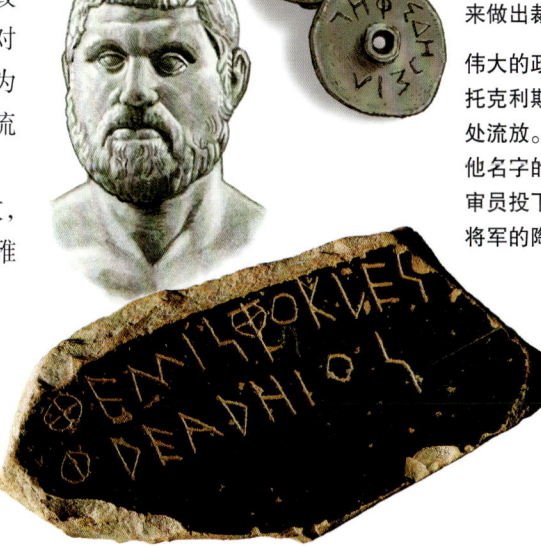

古希腊：生活在奥林匹斯山下

体育运动——备战训练

古希腊人酷爱体育运动。同时，每个公民必须时刻准备好为保卫自己的城邦应征入伍，因此坚持体育锻炼既是一种乐趣，也是身为公民的责任。

古希腊人对于体育运动的热情源于公民的自豪感和责任感。每个希腊公民的儿子从12岁起都会被送到训练营进行训练。他们必须精通各项运动，因为士兵（或未来的士兵）需要处于最佳的身体状态，才能时刻准备为城邦而战。运动场和体育馆代替了练兵场。古希腊人对体育训练的重视，确保了大多数年轻男性都能时刻拿起武器投入战斗。

径赛项目

对于任何一个士兵来说，无论是追击敌人还是撤离战场都需要快速移动。因此，跑步是最古老的运动项目。根据标准希腊体育场的长度（大约192米），径赛项目主要包括三个长度："斯泰底"（stade，短跑）的距离是一个体育场长度，"迪亚卢斯"（diaulos，中距离跑）是两个体育场长度，"杜里奇斯"（dolichos，长跑）是20至24个体育场长度。

田赛项目

掷铁饼和标枪同属于五项全能比赛，参赛者通常需要同时参加这两项比赛。标枪的杆身上装有一个丁字环，由此产生的惯性可以使其投掷得更远。标枪项目有两种：远距离投掷和骑马投掷。跳远也属于五项全能比赛。为了能够跳得更远，参赛者每只手上握一个重物。当他沿着斜坡跑步时，摆动双手，并借助重物产生的惯性向前跳跃。

五项全能比赛（Pentathlon）

这项比赛包括五个项目：跑步、摔跤、跳远、掷铁饼和标枪。参赛者需要极大的耐力，其目的是寻找最优秀的全能运动员。希腊最著名的雕塑之一就是一名投掷铁饼的五项全能运动员。

古希腊式搏击（Pankration）

这项将拳击和摔跤结合在一起的比赛非常艰苦。搏击运动员常常在比赛中伤得很重甚至丢了性命。双方运动员在比赛中进行格斗，直到其中一名运动员认输为止。除了挖眼睛和撕咬对方之外，任何动作都是被允许的。士兵们通常是这项运动的佼佼者。

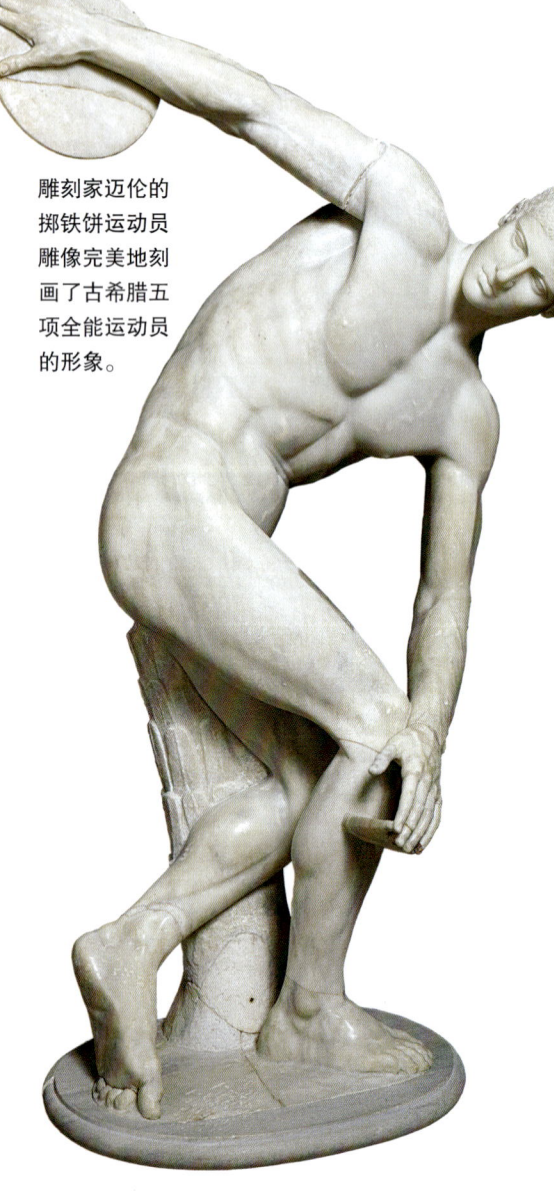

雕刻家迈伦的掷铁饼运动员雕像完美地刻画了古希腊五项全能运动员的形象。

第四章 和平与战争

马术比赛

赛马比赛全程通常为四分之三英里（1.21千米）。骑师没有马鞍，比赛中常常发生意外事故。

战车比赛是两匹或四匹马以及一名骑手组成的车队。比赛全程需要环绕赛场12圈。有时参赛的战车多达40辆，因此常常发生剧烈的碰撞事故。赛制规定参赛者必须拥有自己的马，因此马术比赛通常是贵族和富人的专属项目。

摔跤和拳击

摔跤比赛的目标是将对手摔倒，并使其肩膀触地，而自己保持不倒。被摔倒三次的人就输掉了这场比赛。比赛时允许将对方绊倒，但不能击打对手。拳击手用柔软的牛皮皮带包扎双手起到保护作用。一场比赛可能会进行几个小时，当一个拳击手认输或失去知觉时比赛才宣告结束。在这两个项目中对手是随机选择的，因此运动员往往会面对抗与自己体重和身材不在同一等级的对手。

史实窗

马拉松是一项现代比赛。它是1896年在雅典举行的第一届现代奥运会才开始出现的比赛项目。据说举行马拉松比赛是为了纪念公元前490年一位信使从马拉松出发，中途不间断地跑了26英里（约41.8千米），将雅典军队在马拉松战役中打败了波斯人的消息送到雅典的壮举。

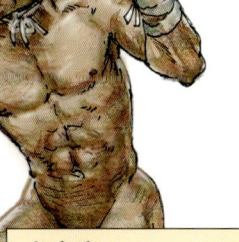

比赛获胜者

比赛获胜者会在如泛雅典娜节等许多节日中被颁发奖金。但对于运动员而言，能够参加奥运会这样的泛希腊赛事即代表着荣耀。奥运会的获胜者将被授予橄榄花环、棕榈枝和羊毛丝带。

一些城邦为了增加自己在奥运会的知名度，通常会出资赞助奥运会获奖运动员。一些运动员因此过上了优渥的生活。

作弊者将身败名裂

古希腊的体育比赛中也时常出现一些作弊行为。奥运会上第一个记录在案的作弊者是来自色萨利的尤波拉斯。公元前384年，他在拳击比赛中试图通过贿赂裁判来赢得胜利。在投掷比赛中还曾经出现过一些城邦贿赂其他城邦的运动员，让其故意输掉比赛的情况。某城邦一旦被发现在比赛中作弊，将被处以重金罚款。该款项被用于在通往奥林匹亚的道路上竖立宙斯雕像。每个作弊者的名字都会被刻在悬挂在体育馆的入口处的一块牌匾上。

75

古希腊：生活在奥林匹斯山下

维护世界和平——奥林匹克运动会

古希腊有许多来自各城邦及其殖民地的比赛选手参加的泛希腊运动会，其中最负盛名的是在奥林匹亚每四年举行一次的纪念宙斯的运动会。

图中的青年用球类运动进行赛前热身，还有一些人在进行负重训练，这是为跳跃项目做准备。

第四章 和平与战争

体育场内进行跑步比赛的起跑线。

在奥林匹克运动会举行的那一年，信使们将关于赛事的消息送达希腊各城邦和殖民地，告知比赛日程并邀请人们积极参与。在这个神圣的节日里，运动员们不仅为了神和自己的城邦，也为了他们自己努力拼搏，争取比赛的胜利。优秀的运动员们将因他们高超的运动能力受到人们的尊敬，奥林匹克英雄们更会成为整个希腊的偶像。

为了让比赛选手和观众们能够安全地前往奥林匹亚并返回家乡，赛事声明中要求城邦间必须暂时休战。因此，在短短的几周内，战争不断的希腊城邦间短暂地团结起来。

一个神秘的和平之地

奥林匹亚位于伯罗奔尼撒半岛西北部，是一个和平的圣地和远离政治的避风港。它坐落在以宙斯之父命名的克洛诺斯山下的阿尔提斯圣林中，有许多与之相关的神话、宗教和传说。这里曾经涌现出许许多多的体育英雄。

奥林匹亚是一片专门为奥运会建造的极为壮观的建筑群，其中心是伟大的宙斯大神庙。

奥运会不欢迎女人

与体育馆中举行的赛事一样，奥运会的运动员全都是裸体参赛，因此妇女不允许参加比赛也不能观看比赛。事实上，妇女在奥运会期间完全不能接近奥林匹亚区域。

如果某位妇女拥有一匹马，她唯一可能参加的比赛就是赛马。她虽然不能亲自参赛，也无法到现场观看她的骑师在比赛中的表现，但只要她的马赢得了胜利，她也可以获得奖品。

比赛日程

作为泛希腊体育赛事，奥运会兼具了宗教节日和外交集会的功能。因此，比赛正式开始前会举行盛大的庆祝活动，这些活动会持续近两周。比赛第一天将举行以宗教庆典和祭祀神灵为主的开幕式。

奥运会开始的第二天在最负盛名的比赛场馆举行径赛类项目。赛场可以容纳40 000名观众，大多数奥运会项目都在此进行。

接下来的三天将举行五项全能、摔跤、拳击、攀岩和马术比赛。最后一个项目结束后举行颁奖仪式，整个赛事宣告结束。这也意味着城邦间短暂的和平宣告结束，战争将卷土重来。

其他泛希腊运动会

"地峡运动会"每两年在科林斯地峡举行一次。比赛场地标志着伯罗奔尼撒地区人民与希腊北方地区人民的团结统一。"皮提亚运动会"每四年在德尔斐举行一次，这是继奥运会之后古希腊的第二大体育赛事。

为纪念女神赫拉，每四年举行一次专为妇女举办的节日——赫拉节。它包括三个不同年龄段的女孩参加的跑步比赛。

---

1. 克洛诺斯山。
2. 阿尔提斯森林。
3. 普里塔尼安：存放点燃奥林匹亚祭坛上圣火火种的场所。
4. 赫拉神庙。
5. 希腊殖民地国库。
6. 体育馆：跑步和投掷项目的训练场。
7. 角力学校和浴室：跳跃和摔跤项目的训练场。
8. 索科里昂：奥林匹亚祭司所在地。
9. 列昂尼登：来访高官的下榻处。
10. 布卢特里奥：供奥林匹克官员使用的大会堂。
11. 宙斯神庙：宙斯雕像的所在地。这座雕像高43英尺（约13.11米），整个由象牙和黄金制成，是世界七大奇迹之一。
12. 体育场：所有的体育赛事都在此举行。
13. 运动员场馆通道入口（作弊者名单悬挂处）。
14. 赛马场：举行赛马比赛的场所。
15. 阿勒斐斯河。

古希腊：生活在奥林匹斯山下

霍普莱特奔赴战场

伴随着号角刺耳的鸣响，铁矛和青铜盾牌在晨曦中熠熠生辉。这些对于希腊人民来说早已司空见惯、耳熟能详。他们的城邦之间总是毫无理由地兵戈相向。

古希腊的男子年满二十岁之后，军事训练就结束了，他就不再是一个"以弗所"（即刚刚成年的男子）。每个成年男子在六十岁之前，他的名字都被记入现役军人的名单。他们年满五十岁以后就被送到后方部队去执行驻军任务。

除了斯巴达之外，所有的城邦都不设常备军。当城邦间发动战争时，公民会自带武器和口粮响应征召入伍。

霍普莱特的崛起

在古风时期之前，军阀以及由贵族骑兵组成的禁军部队统治着希腊的军队。他们只有一小批手握长矛的简陋步兵部队。马匹、青铜盔甲和剑铁都很贵，只有贵族才买得起，这意味着很少有人能负担得起参军的费用。

到了古风时期（公元前800—公元前500年），希腊各个城邦发展起来，大批武装民兵被培养起来保卫他们的城邦。

随着贸易的迅速发展，中产阶级开始崛起。他们能够负担得起精良的盔甲和武器，成为被称为"霍普莱特"（hoplite）的全副武装的步兵，也就是重装步兵。到公元前7世纪，霍普莱特几乎统治着整个希腊军队。

应征入伍

当城邦陷入战争，完成了两年军事训练的以弗所保家卫国的时候就到了。在氏族将军的号召下，他们背上奴隶们平时精心保养的武器，与部落中的其他人一起到达指定地点。政府不会为他们提供任何武器装备，因为他们有义务保卫自己的田地、家园和财产。

人们的财富和社会地位决定了他的盔甲和武器的质量。士兵按照各自所携带盔甲的类型和质量分别被编入不同的队伍中。买不起武器和盔甲的普通公民组成轻步兵。他们的作用是骚扰敌人，掩护霍普莱特，有时也被用于驱赶敌方的散兵游勇。

应征入伍的士兵：雅典公民霍普莱特在妻子和家人的陪同下准备参战。他正在为自己系上肩带。他的长子骄傲地拿着他的头盔和铁剑。他的祖父手里紧握长矛，回忆着自己年少时参军的事迹，而他的妻子在一旁为孩子的未来忧心忡忡。

霍普莱特的装备

1. 霍普莱特的圆形盾牌直径约为90厘米。它的尺寸足以保护从脖子到大腿的身体各个部位。这种盾牌由青铜和坚韧的皮革制成，表面通常描绘着城邦的标志：斯巴达的倒V形盾牌、雅典的蛇发女妖头像（以及其他图案）、底比斯的大力神形象。

2. 霍普莱特身穿由多层亚麻材料黏合而成的胸衣。这种硬质胸衣的厚度可达0.64厘米。胸衣腰部以下采用拼接设计以便于活动。它的外面还会绑上带子，以填补防御相对脆弱的缝隙。

3. 士兵的腿部绑有被称为"护胫甲"（greave）的青铜护腿，以保护他们的膝盖和胫骨。霍普莱特手持一把短铁剑（4）和一把"萨里斯"（sarise）——一种长3米、带有尖头的木质长矛（5）。

6. 士兵头戴由一整块青铜制成的头盔。各个城邦的头盔款式各不相同，而且同一个城邦的头盔样式也常常变化（见右图片）。

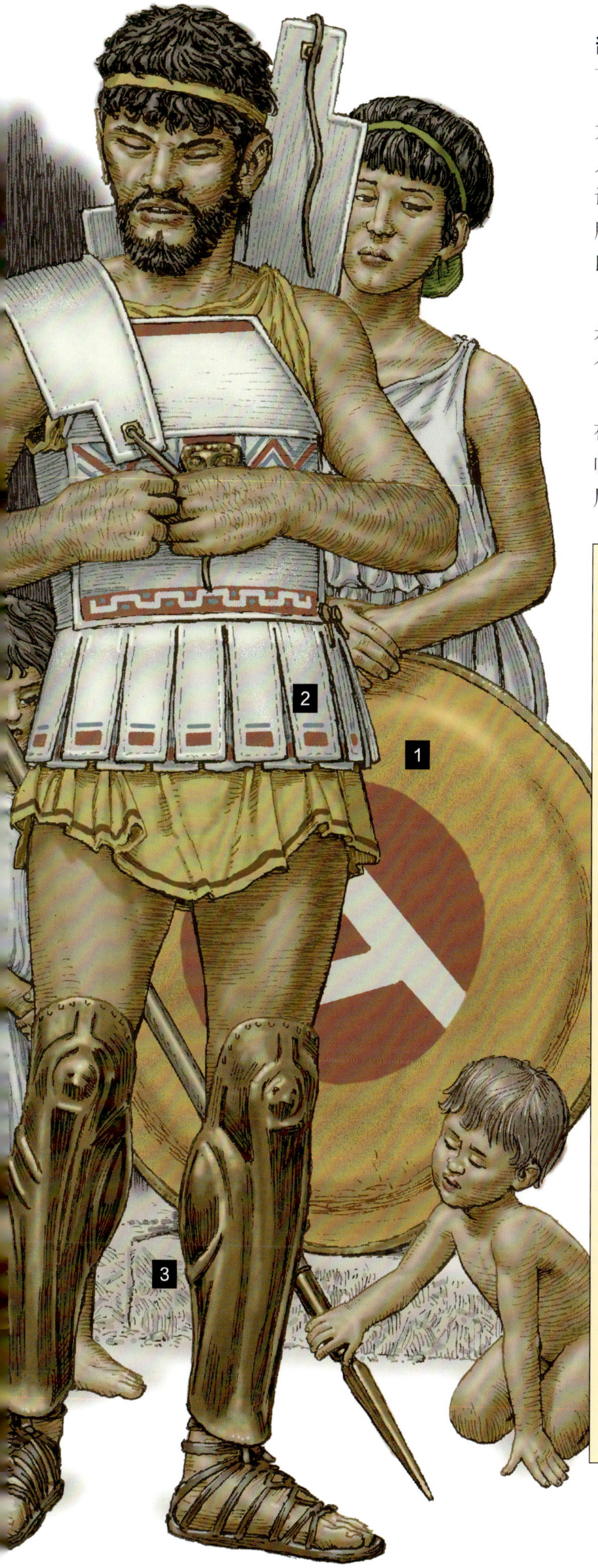

第四章 和平与战争

部队行军

霍普莱特必须自己携带干粮。士兵的口粮主要是大麦、奶酪、葡萄酒、腌肉和咸鱼。他们还会带上仆人或奴隶，帮忙携带备用武器和主人的口粮，并在允许生火时为主人做饭。在行军过程中，霍普莱特将盾牌背在背上，衣服、行李和干粮可以绑在上面，也可以挂在长矛的末端。

古希腊军队在行军中列成长长的纵队，队伍中间是拉着行李的马匹。一旦开始作战，士兵们会围成一个正方形以保护中心的行李。

部队在行军时每天夜里都会搭建营地。他们也会在与敌军交战时选择一个合适的地方安营扎寨。这些临时营地周围通常不设防御工事。部队在他们的补给周围列队睡觉，并安排哨兵进行巡逻。

头盔样式

科林斯式：这是一种早期的头盔款式，戴着它容易遮挡声音和视线。

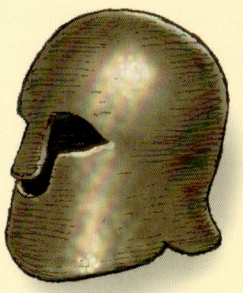

伊利里亚式：这种头盔由两部分组成，在顶部与沿接缝两侧设计了两个相连的保护脊。

色雷斯式（左）和阿提卡式（右）：这两种头盔样式为佩戴者提供了很好的视野。阿提卡式借鉴了古罗马军队的头盔款式。

79

战斗中的军队

古希腊最强大的军队来自斯巴达。该城邦旨在建立一支希腊最强大的常备军。然而，在战斗中获胜的常常是雅典的霍普莱特。

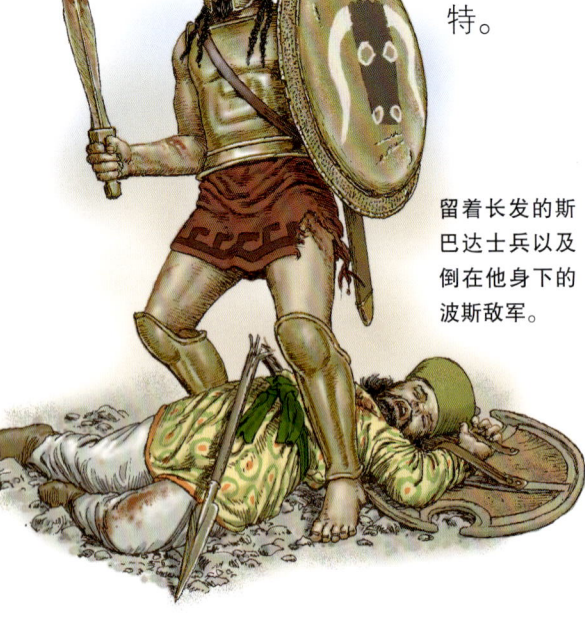

留着长发的斯巴达士兵以及倒在他身下的波斯敌军。

斯巴达军队的组织结构与其他古希腊军队不同。士兵们统一住在营房里，而不是与妻子或家人同住。整个军队由六个"莫罗伊"（moroi，营级单位）组成。"莫罗伊"由政治领袖指挥，下设四个"洛霍伊"（lochoi，连）。每个"洛霍伊"有144名士兵，由一个"洛夏戈"（lochagos）领导。"洛夏戈"通常有四个低级军官（恩尼莫提尼），恩尼莫提尼指挥36人组成的小分队。

整个军队由一位斯巴达国王指挥。由部队的精英组成的一支"莫罗伊"是国王的近卫军。

斯巴达人作战时也携带希洛特（一种属于国家的奴隶）。希洛特负责携带主人的盔甲和武器。斯巴达士兵永不言败。他们在战斗中从不撤退或投降，直到战死沙场。

雅典的军队组织

雅典军队由阿提卡的十个氏族组成，因此"团"等同于"氏族"。雅典在每次军事远征中通常只从十位将军中派出一到两位上战场。

祭司和神职人员也会随军作战，他们的职责是预测战争的结果。在战斗之前，将军召开战略会议，并献祭牲畜祈求胜利。

军队战线通常呈直线行进，其右翼最容易受到敌方攻击，因为这一侧的士兵几乎完全暴露在敌方部队的攻击下。这一弱点很容易被敌人意识到并试图利用，因此，右翼战线通常都安排了最有经验的部队。

陆军方阵

霍普莱特以方阵的形式进行战斗。一个方阵由八到十二个士兵组成，队伍宽而深。士兵们装备着"萨里斯"（长矛），使方阵形似一只带尖角的进攻中的公羊。

当前线士兵阵亡或受伤时，他身后的人可以立刻取代他的位置。方阵也可以形成一个中空阵型，以抵御骑兵的攻击。

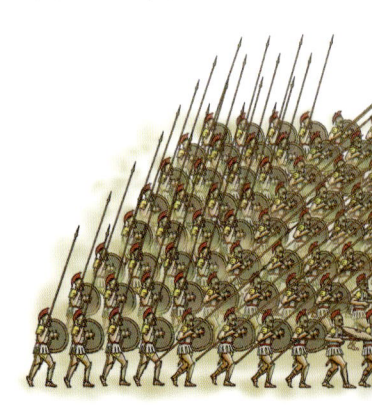

方阵在战斗中必须作为一个整体进行移动。他们通过长笛吹奏的号令保持步调一致。上图中吹长笛的人穿着雅典弓箭手典型的西西里式服装。

骑兵部队

霍普莱特步兵是军队最主要的战斗力，骑兵部队则作为侦察兵，并且具有瓦解敌方方阵的作用。雅典的十个氏族中的每一个都负责为总兵力为一千骑兵的骑兵部队提供一个骑兵中队。骑兵部队由两名指挥官率领，这两名指挥官被称为"希帕奇"（hipparch）。每个指挥官负责指挥五个中队。

骑兵部队在作战时有时分散在部队两翼，有时集中在一起作为机动兵力，以攻击可能会破坏防线的敌军骑兵或轻步兵。

辅助士兵

买不起盔甲和武器的穷人被编入装备了轻武器的辅助部队。这些人有的配备弓箭，有些投掷石块，有些手持棍棒和石锤。

轻盾兵

古希腊的轻盾兵以具有超强的小规模战斗能力且适应家乡的崎岖地形的色雷斯人为主。轻盾兵虽然是一支轻步兵部队，但他们装备精良。

轻盾兵常常乘敌方不备从隐蔽处冲出，将长矛掷向对方方阵，然后迅速撤退。敌方方阵一旦被击破，他们便对零散的士兵进行迅速出击。为了对抗轻盾兵的偷袭，方阵中通常会挑选出年轻健壮的霍普莱特组成"埃克罗德莫伊"（ekdromoi）。他们的任务是冲出方阵驱散敌人的轻盾兵。

部队冲锋时，前五排士兵将他们9英尺（约3米）长的长矛向前平握，矛尖比队伍足足长出6英尺（约2米）。

古希腊：生活在奥林匹斯山下

古希腊海军

与希腊内陆国家不同，雅典的军事霸权主要依靠他们的海军。他们在战斗中使用一种快速战斗舰——三层划桨战船。这种军舰具有机动性强、杀伤力大的特点。

三层划桨战船长36.5至41米，宽约4.5米。船身向外架设了一排支撑桨的支架，每边的宽度增加约80厘米。舰上的船员多达200人，其中170人是桨手。

其余的船员包括12至15名负责操作船帆和舵的水手，以及同样数量的水兵（包括大约四名弓箭手）和一名吹奏长笛的人。他的节奏有助于桨手们动作的一致性。船上还配有一名指挥官，称为"特里拉奇"（trierarch）。

"特里拉奇"通常是一个由国家挑选出来去支付一年船舶运营费的有钱人。这对他而言是一种无上的荣耀。划桨手、自由人和职业水手大多是从贫困公民中招募的。在战争时期，即使是对于精英阶层的人而言，能够有幸成为舰队一员也是无比光荣的。

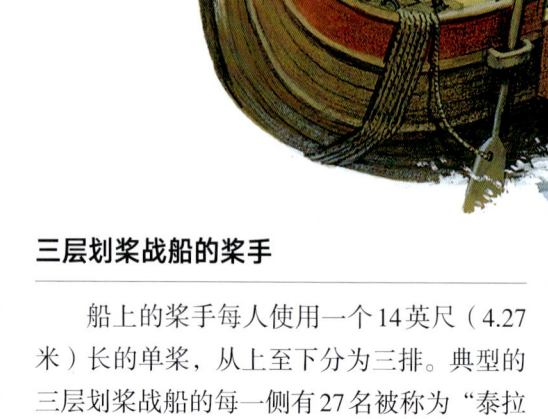

三层划桨战船的桨手

船上的桨手每人使用一个14英尺（4.27米）长的单桨，从上至下分为三排。典型的三层划桨战船的每一侧有27名被称为"泰拉米特"（thalamite）的桨手位于最底层。他们通过圆孔将船桨伸出船舷之外。

接下来是27名被称为"齐格特"（zygite）的桨手，他们坐在"泰拉米特"上方更靠外侧的位置上。他们上方的31名桨手被称为"索龙"（thranite）。这些桨手的位置比"齐格特"还要靠近船舷外侧。他们使用的船桨放置在一种专用的支架上。

舷墙（通常在上层开放）保护着桨手们的长椅。它们上面的甲板部分被覆盖，为士兵和弓箭手们提供了广阔的作战平台。三层划桨战船的两侧各配备了一名舵手。他们通过一把大桨掌舵。由于船身的长度和形状，如果没有舵手在船的一侧进行反舵操作，转弯会变得极其缓慢。

希腊早期的军舰

最古老也是最小的长且低矮的战船是一种五角船（见上图中正通过画面的一艘货船）。这种船两侧各有25名桨手。荷马在《伊利亚特》和《奥德赛》中描写了一种由100名桨手划动的两层划桨战船，船的两侧各有两排桨手，每排25名。尽管船很脆弱，但都装有由青铜制成的突出船头，可以猛烈地撞击敌舰。到了公元前6世纪中叶，战舰上增加了一排桨手，形成后来的三层划桨战船。到了公元前6世纪末，三层划桨战船已成为地中海东部使用最广泛的战船。

三层划桨战船的战斗

三层划桨战船在战斗中通常采用撞击战术，即快速穿过敌舰的侧翼，用金属船头撞击并刺穿敌军船体。当船上携带了水兵时，船长就可以进行登船攻击。海军主要的战斗方式是在敌人编队中寻找弱点，然后攻击、撞击和击沉对方船只。

他们最喜欢采用的战术是全速向敌舰划行，然后在最接近敌军舰船的最后一刻突然转向。靠近敌舰一侧的桨手收起船桨，三层划桨战船在战斗中通常采用撞击战术，即快速滑过敌舰，折断对方船桨。随后再将对方已经被损伤的船撞开并登舰。

上图：与两层划桨战船的战斗。画面前部是一艘两层划桨战船的船头，后面是装有青铜或铁质船头的三层划桨战船，它的船头用于撞击并击沉敌舰。

下图：古代的船只几乎不在夜间航行，船员们晚上在附近岸边吃饭休息。

夜间停止航行

三层划桨战船在理想的情况下，可以在桨手的划动下以大约每小时10英里（约16千米）的速度航行，但由于疲劳、船底的藤壶和天气的影响，帆船的航行速度通常较慢。在远距离航行中，船上会安装一种带有桅杆的简易方帆以加快航行速度。桅杆和帆在战斗前会被拆卸下来存放妥当。桨手分成两到三班轮流上岗，这样他们就可以轮换休息。在遇上暴风雨时，三层划桨战船非常不安全，而且船上没有供船员做饭或睡觉的空间，所以大多数船只到了晚上都会到附近的海岸寻找一个隐蔽的海湾和海滩过夜。

第五章
文化与科学

文学与思想的发展

希腊字母和书写系统是所有古代文明中最复杂的。古希腊人最伟大的成就正是通过文字得以实现的。

上图：约公元前1600年的菲斯托斯圆盘上雕刻着米诺斯文化时期的象形文字符号。

最早的希腊文字产生于克里特岛的"米诺斯文明"。这是一种大约在公元前2000年发展起来的象形文字。到了公元前1700年，米诺斯人引进了第二种文字，我们称之为"线性文字A"。我们现在已经成功破译了许多古代文明的象形文字，但这种起源于米诺斯文明的"线性文字A"到目前为止仍然是一个谜。

到公元前15世纪，希腊的迈锡尼文明继承了米诺斯文明的这种文字，并发展出另一种叫作"线性文字B"的象形文字。大约公元前1100年，希腊进入黑暗时代，这种文字也随着迈锡尼文明的结束而消失了。

当希腊文字在公元前800年重新出现时，它已变身成为一套源自"腓尼基文字"的全新的文字系统。"腓尼基文字"是从"乌加里特楔形文字"经过几个世纪的发展形成的一套字母表，它反过来又对起源于苏美尔的楔形文字产生了影响。腓尼基字母表中只包含辅音，希腊人为其添加了元音使之得到进一步发展。希腊人发展出的这套文字系统非常成功，使得他们能够借此创作出当时最复杂的文学作品。英文单词"alphabet"（字母表）这个词就是从"α"和"β"这两个希腊字母表中最前面的字母的读音结合而来的。

抒情诗

希腊字母和文字的发展使文学创作成为可能。游历诗人讲述的众神故事和关于迈锡尼英雄们的故事是最早出现的文学作品。古希腊最著名的诗人是荷马。他在公元前850—公元前750年根据特洛伊战争的民间故事创作了两部著名史诗——《伊利亚特》和《奥德赛》。

用文字创作的诗歌最开始只是由表演者朗读，而且可能由多个朗诵者共同完成一首诗歌。后来，诗歌朗诵中加入许多戏剧元素，有时以吟唱的方式展现。长笛或七弦琴的音乐伴奏慢慢变得普遍起来，由此产生了大型合唱作品，其中包括宗教颂歌、对死者的悼念歌曲和庆典歌曲等等。音乐、歌曲、诗歌和散文的发展成就了希腊最伟大的文化艺术形式——戏剧。

古希腊最伟大的诗人——荷马。

上图：迈锡尼文化时期的"线形文字B"。它已经被文字专家成功破译，黏土片上的内容是一份货物清单。

这个红绘花瓶描绘了音乐家们进行配乐诗歌朗诵的情景。

希罗多德根据第一手资料和当事者的记忆创作的作品《历史》，不仅是现存最早的希腊散文作品，也是世界上第一本真正的史学著作。

早期散文

古希腊人是最早以文字形式记录他们的渴望、恐惧等诸多情感的人。散文的发展晚于诗歌。哲学家、科学家和历史学家们以散文的形式阐明他们通过理性论证和观察对真理的探索过程。后来，散文进一步发展成为戏剧的表达工具，并以此形成世界上第一部小说。

尽管诗歌的产生最初是为中上层阶级服务，但因其强烈的感染力和优美的表现形式成为一种经久不衰的文学形式。

史学的产生

公元前5世纪左右出现了一批希腊作家，并且创作了世界上第一部与神话、宗教和诗歌完全不同类型的历史叙事作品。与其他古代历史作品不同，这部历史叙事作品试图将历史事实和小说虚构区分开来，在其中明确地阐述了人类对于历史的贡献。

希罗多德是现代历史学之父，他在公元前440年完成了自己的著作《历史》，在其中详细描述了希腊和波斯之间发生的战争。

公元前404年，雅典的修昔底德将军撰写了关于雅典和斯巴达之间发生的伯罗奔尼撒战争的历史。他根据相关史料、书面记载和当事者的第一手资料，简洁客观地叙述了这一历史事件。

修昔底德在这部历史著作完成之前就去世了。一位名叫色诺芬的雅典贵族接替他完成了这部巨作。色诺芬接着撰写了他的代表作之一——《远征记》。他在其中描写了一支希腊雇佣军与波斯人之间发生的战争。在这场战争中，希腊人最终在公元前401年的库纳萨战役中从美索不达米亚败退到了黑海沿岸。

第一批希腊历史学家为现代历史学的发展奠定了基础。

上图：修昔底德是伯罗奔尼撒战争中的一名将军。公元前424年，因他未能成功解救被围困的雅典城邦，遭到雅典政府的流放。公元前404年，他回国后写下自己对于这场战争的回忆。

色诺芬（右）的《远征记》改编自他亲身经历的希腊与波斯的战争。根据书中描写，在他的部队上司被出卖并杀害之后，色诺芬接任部队的指挥官，成功地带领士兵们回到家园。

古希腊：生活在奥林匹斯山下

哲学与医学

文字的发展使哲学家们可以将他们的观点记录下来。通过他们清晰的逻辑思维，出现了一种全新的看待自然世界的方式，使科学家、工程师和医生的工作更加富有理性。

毕达哥拉斯，以其发现的毕达哥拉斯定理而闻名于世。

哲学家是试图解释人在事物中的作用，并探讨人的正确行为方式以及理想的政治制度的学者。

古希腊主要的哲学家

古希腊最早出现的哲学家有来自米利都的泰利斯、阿那克西米尼以及来自西西里的恩培多克勒，他们争论的焦点是在水、空气、火和土这些基本元素中，哪一种是组成宇宙的最重要物质。

后来，出生于萨摩斯岛的毕达哥拉斯成为最具影响力的一代希腊哲学家。大约在公元前531年，他移居意大利南部的希腊殖民地——克罗托内，并且在那里创办了一所宗教学校。除了他的著名数学定理之外，毕达哥拉斯还主张将音乐纳入"万物皆数"的理论之中。

下一代哲学家出现在雅典，即当时的政治家伯里克利（约公元前495—前429年）和他的好友阿那克萨戈拉。他的学生德谟克利特和留基伯进一步推动了关于生命的辩论。他们提出了物质由微小的原子组成的观点。这个观点直到两千年之后才得到人们的广泛认可。

苏格拉底（公元前469—前399年）的哲学观点在某种程度上质疑了社会、道德和宗教的公认秩序，因此被认为是一种社会威胁，他被判处死刑。最终，他自己喝下了毒药。苏格拉底为人极为谦逊，当德尔斐的神谕宣告他是希腊最聪明的人时，他回答说自己的智慧源于认清了自己对于世界的无

医神

阿波罗神的儿子阿斯克勒庇俄斯（左图）小时候由神话中的马人抚养长大，并跟随马人学会了治疗之术。雅典娜给了阿斯克勒庇俄斯两瓶魔血，其中一瓶喝下后会致死，另一瓶会让死去的人复活。阿斯克勒庇俄斯凭借能够让人起死回生的魔血从冥界救回了许多人。冥王哈迪斯向宙斯抱怨这件事，宙斯因此赐死了阿斯克勒庇俄斯。但后来又不忍失去爱子，使其复活并成为医神。

在梦中康复

许多希腊医生都是阿斯克勒庇俄斯的追随者，在希腊各处都有供奉他的神庙。其中最重要的两座分别位于雅典和靠近伯罗奔尼撒半岛东南部的埃皮达乌勒斯城的阿斯克勒庇俄斯神庙。古希腊人每年都会在雅典举行专门纪念他的节日——埃皮达乌利亚节。

当人们生病的时候，他们会去参拜阿斯克勒庇俄斯神庙。拜祭和净化仪式结束之后，患者可以在神庙里睡上一晚。人们相信阿斯克勒庇俄斯会在睡梦中治愈他们的疾病，或者托梦告诉他们治病的方法。从病中康复的患者会向阿斯克勒庇俄斯献上祭品，作为对医神的敬意并表达他们的感激之情。人们的贡品通常是一块代表患者康复部位的陶土牌匾。

第五章 文化与科学

苏格拉底

亚里士多德

知。他的最伟大的弟子柏拉图（约公元前427—前348）继承并发展了苏格拉底的思想，他创作了大量的作品甚至超越了老师的成就。柏拉图试图找到治理城邦的理想方式，并详尽地规划了如何实现这样的"理想国"。

柏拉图建立的学院吸引了当时的雅典精英们，其中包括亚里士多德（公元前384—前322）。他对人和社会以及理想的治国方式也很感兴趣，同时对于自然历史有着广泛的了解。他最著名的学生是亚历山大大帝。

公元前4世纪，第欧根尼创立了一个被称为"犬儒学派"的哲学学派。他崇尚简朴的生活，并且对社会规则不屑一顾。他批判欺诈和对财富的贪欲。他的生活极其简朴，甚至一度以木桶为家。

持续时间最持久的希腊哲学学派是斯多葛派。"斯多葛"的原意是雅典露天市场的门廊，源于它的创始人芝诺（公元前344—前262）在雅典露天集市的门廊建立了这门独特的思想流派。他相信，人们应该按照自身的本性行事，因为人类的本性都在神的掌握之中。

亚历山大大帝曾经问这位"犬儒学派"大师，自己能为他做些什么。"不要站在我和太阳之间。"第欧根尼回答说。他的回答给这位国王留下了深刻的印象，他说："我若不是亚历山大，愿成为第欧根尼。"

理性医学

在哲学思想的影响下，许多医生在治疗时采取了更加科学的方法。他们从寻找病因入手，并且对身体的工作原理进行了深入了解。例如当时的医生已经知道了血液是许多常见疾病的载体，治疗方法是给患者放血。

这些医生通常的治疗手段包括为患者开草药处方、休息疗法、特殊饮食和锻炼等等。当时手术仍然是非常危险的，医生们通常避免为患者做手术。因为即使为患者成功进行了手术，他们也很可能死于术后感染。

新医学的创立者是来自科斯岛的希波克拉底（公元前460—前377）。他的医学理论建立在观察的基础上，摒弃了当时认为疾病是由恶魔或神的惩罚引起的流行观点。希波克拉底说必须将身体作为一个整体来对待，不能仅仅针对某个部位进行治疗。他还认为思想和感觉来自大脑，而不是其他医生认为的心脏。

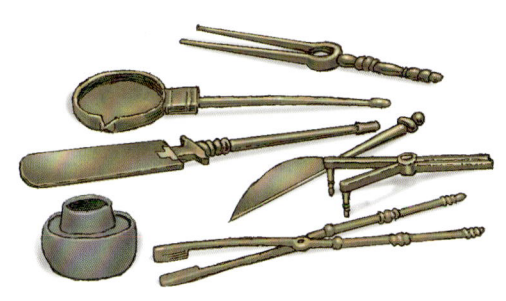

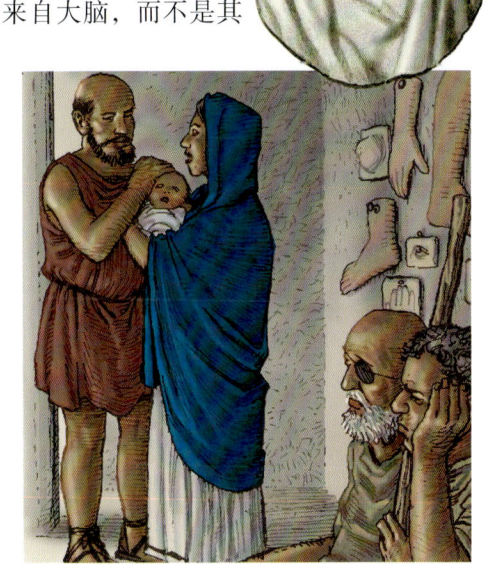

右上图是希波克拉底的肖像。他将医学和宗教区分开来，并通过对人体结构的详尽研究，让医学慢慢脱离了巫术。随着手术技术稳步提升和手术器械（左）的改进，解剖学和问诊在疾病的治疗中起着越来越大的作用。希波克拉底根据自己的医学知识和经验对患者进行治疗（右）。

古希腊：生活在奥林匹斯山下

科学家和发明家

古希腊哲学家提倡的理性思维，催生出了许多力图解决实际问题的伟大思想家。

古希腊人探索的哲学领域不只局限于思考宇宙构成和对人性的研究。科学家和工程师实际上也是哲学家，即"知识的爱好者"。通过观察事物运作规律，古希腊哲学家们有了许多科学发现。

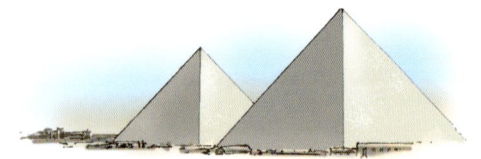

密勒托斯的泰利斯（前624—前547）通过测量埃及金字塔的阴影长度，利用数学方法计算出了金字塔的高度。据说他能够预测日食，他还认为地球是漂浮在水面上的。

大约在同一时期，阿那克西米尼发现地球上的大部分地区曾经被水淹没，人类是从早期的生物（可能是鱼）进化而来的。

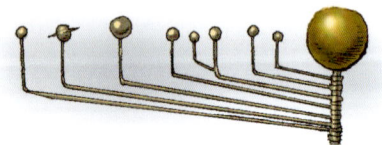

天文学家阿里斯塔克斯（前310—前230）认为地球绕着地轴自转并围绕太阳公转。只可惜他没有足够的证据能够证明他的这一理论。

阿那克萨戈拉（约前500—前428）发现月球本身不发光，而是反射了太阳光。他还发现日食是由于月球位于地球和太阳之间时遮挡了太阳光造成的。

阿基米德（前287—前212）是西西里岛锡拉丘兹人。他发明了一种简单而快速的方法，可以将水从一个水平面提升到另一个水平面进行灌溉。这是通过使用封闭在一根巨大的管子中的螺旋实现的。当转动螺旋时，较低位置的水就可以被提起来。

阿基米德对水的物理性质的研究非常痴迷。他最著名的发现是在洗澡的时候得到的灵感。当他坐进装满水的浴缸时，观察到水面上升并溢出的现象，由此发现了浮力定理。

尽管从史前时代人类就开始使用杠杆，但阿基米德是第一个解释了杠杆作用的科学家。他对科学的贡献还包括对在复杂的几何问题的研究过程中，发展出了微积分，并发明了当时最可怕的一种武器——弹射器。

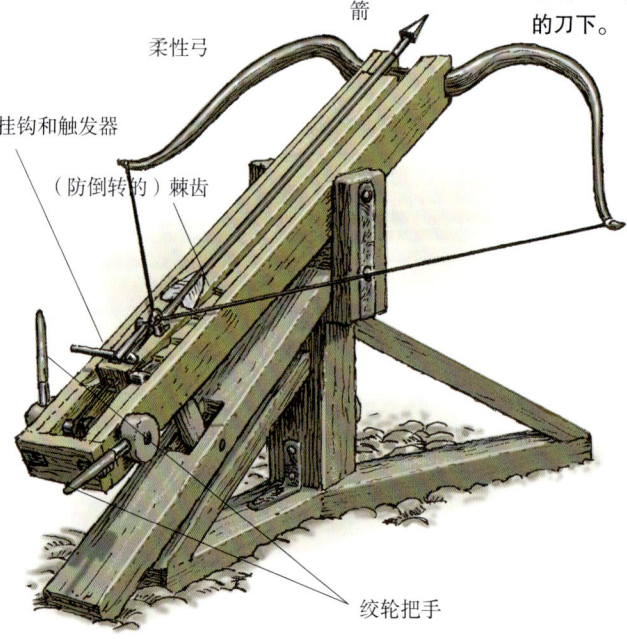

古希腊人首先发明出用于战争的大型攻城武器。公元前212年，在锡拉丘兹抵抗罗马人的战斗中，阿基米德为锡拉丘兹贡献了许多发明。他发明的巨型弩机可以发射1.8米长的箭。同年，这位伟大的科学家在锡拉丘兹战败后死于罗马军团的刀下。

精确测量距离

"里程计"可能也是由阿基米德发明的。这是一种古罗马人后来使用的测量轮式车辆行驶距离的装置。公元前27年,一个名叫维特鲁威的人描述了这种里程计。它与一个直径为1.2米的车轮相连接。这种车轮每行进1英里(约1 600米)正好转动400圈。车轮的轴通过齿轮啮合带动一个有400个齿的齿轮转动,使得该齿轮正好每英里旋转一周。当它旋转时又通过一组齿轮啮合带动另一个齿轮旋转。该齿轮的轴连接着一个带孔的托盘,托盘内存放着经过仔细挑选的鹅卵石。车辆每行驶一英里,齿轮的旋转使托盘内的一枚鹅卵石通过一根管子落入计数箱中。只需计算掉落在计数箱里的鹅卵石的数量就可以得出行驶的英里数。

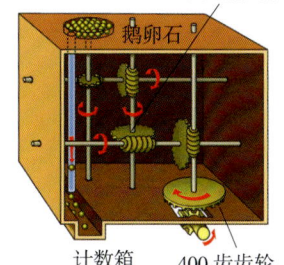
变速箱齿轮 鹅卵石 计数箱 400齿齿轮

汽转球——第一台蒸汽机

"汽转球"又名"风球",是公元1世纪居住在亚历山大港的一个名叫希伦的人发明的一种蒸汽装置。该装置对一个装满水的密封锅进行加热。锅中的水被加热至沸腾时,产生的水蒸气从两侧的两根管子上升,进入位于上方的一个金属球内。金属球可以自由地旋转。金属球上面有两个方向相反的出气管,用于排出水蒸气。水蒸气从两个出气管中排出并带动金属球旋转。"汽转球"并没有什么实际用处,只是一个有趣的玩具。

博物馆

世界上第一座博物馆出现在古希腊。在亚历山大港有一座专为启发和引导人们的创造能力的九位女神建造的神庙,被称为"缪斯神庙"(Museion)。来自希腊各地的学者都到那里去学习。这座缪斯神庙里还有一个巨大的图书馆,里面收藏了古希腊所有的重要古籍文献的副本和许多外国书籍的译本。

在缪斯神庙里工作的工程师们发明了许多有趣的装置,尽管其中有一些就像前文中提到的"汽转球"一样几乎没有什么实际用途。

使用水钟计时

对于古希腊人来说,测量时间并不是一件简单的事情。由于古人将白天等分成相同的时间段(即小时),而这些时间段的长度在夏季较长,在冬季较短。古希腊的工程师们通过一种叫作"漏壶"或"水钟"的装置解决了这个问题。他们是通过控制水流入主腔的速度或调节内部压力的方式,对软木塞漂浮上升的速度进行调节实现的。水钟可以方便地调节每一天指针走动的快慢。据说哲学家柏拉图发明了一种带闹钟的漏壶。古希腊有些水钟的尺寸相当大,正如图中所示,这座位于雅典的水钟,需要一个坚固的石质地基。

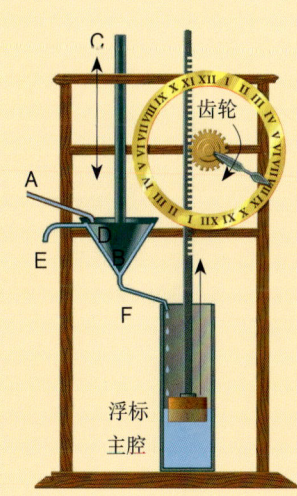
齿轮 浮标 主腔

水流通过管道A持续不断地进入空心锥B中。通过对杠杆C施加压力,实心锥D压在空心锥B上,限制水流从其底部流出的速度。多余的水通过管道E排出。通过改变实心锥上的压力,可以调节通过管道F流入主腔的水流速度,以此对浮球上升的速度进行调节,最终实现了对以齿轮转动来带动时钟指针走速的调节。为了让时间表示得更加清晰,钟面上还标注了罗马数字。

古希腊：生活在奥林匹斯山下

古希腊剧院一日游

希腊人创造了一种全新的艺术形式——古希腊戏剧，它将文学艺术推向了巅峰。对于古希腊人来说，去剧院既是参加宗教活动，也是一种最好的休闲娱乐方式。

泰斯庇斯是第一个采用演员在"乐池"上与歌队进行对话表演的艺术家。

最早的戏剧起源于祭奠生育之神狄俄尼索斯的宗教活动。最初只是在打谷场中用石头围起石圈，牛和骡子在割好的麦子上"跳舞"完成麦穗的脱粒。因此，"打谷场"在希腊语中成了后来的"舞池"或"乐池"的代称。收获季节来临时，人们在这里伴随着歌声翩翩起舞，以此祭奠酒神狄俄尼索斯。

最初的乡村乐池只是一个供奉着祭品的小石坛。在它的附近会搭建起一个"景屋"（skene，小帐篷）。在许多庆祝活动中常能见到以此作为舞台背景。这些简陋的舞台布景发展到公元前4至5世纪就形成了希腊的大剧院。

从乡村庆典到城市娱乐

古希腊戏剧以惊人的速度发展起来，它从一种乡村庆典仪式，发展成为一种成熟的戏剧艺术形式，前后只经历了大约85年。

大约公元前530年，一位名叫泰斯庇斯的艺术家，为暴君佩西斯特拉图斯在雅典举办的酒神节上创作了几句戏剧对白，由一位演员和酒神歌队在乐池中演出。

不到50年后，大约在公元前482年，剧作家埃斯库罗斯（前525—前456）推出了第一部戏剧剧本，该剧由一个不超过三个蒙面演员的剧团演出。

40年后，世界上第一座专业剧院开始建造。该剧院位于雅典卫城较低的斜坡上，紧邻狄俄尼索斯·厄特克勒特神庙。

到了伯里克利领导下的雅典"黄金时代"，演员之间的对白已经成为戏剧中最重要的部分，歌队只对演员的肢体语言表演进行解释。由于这些早期的作品仍然是一种将酒神崇拜和戏剧表现相结合的形式，当时的戏剧还没有脱离宗教。

雅典戏剧节

酒神节是该市最重要的宗教庆典之一。这是一个全体公民参与的节日，通常持续五天。第一天是游行和献祭活动，接下来的四天是戏剧比赛。

酒神节的负责人是"名年执政官"。他通常会挑选出富有的公民作为戏剧演出的"出资者"（choregoi）。这些作品分为两种不同类

埃斯库罗斯，现代戏剧之父。

型——悲剧和喜剧。其中悲剧的一个分支被称为"萨蒂尔戏剧"（satyr play）。每年有三位悲剧作家和五位喜剧作家的作品在戏剧比赛中演出。

悲剧通常讲述的是关于迈锡尼时代的英雄人物的故事。它的风格较为庄严肃穆，描写人的情感和不可调和的冲突、权力的滥用，以及人类与命运抗争等等主题。继埃斯库罗斯之后，最受欢迎的两位悲剧作家是欧里庇得斯（前484—前406）和索福克勒斯（前496—前406）。

喜剧通常以普通人为主角，褒贬时政并探讨人性。剧中人物往往品质卑劣，充满了滑稽和粗俗的笑点。阿里斯托芬（前448—前380）是当时的一位伟大的喜剧创作大师。

在喜剧比赛中，每位作者必须提交一个剧本。而在悲剧比赛中，每位作者必须提交三个悲剧剧本和一个萨蒂尔剧本。萨蒂尔是一种采用讽刺和嘲讽手法的剧本（"讽刺"这个词由此而来）。在萨蒂尔戏剧中，演员们穿着合唱服并装扮成半人半兽的形象，以示对狄俄尼索斯的狂热崇拜。

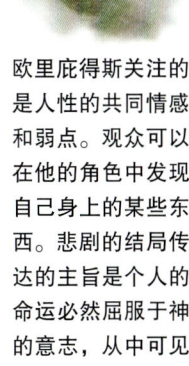

欧里庇得斯关注的是人性的共同情感和弱点。观众可以在他的角色中发现自己身上的某些东西。悲剧的结局传达的主旨是个人的命运必然屈服于神的意志，从中可见狄俄尼索斯戏剧宗教性的方面。

史实窗

第一部采用对白形式的戏剧作者泰斯庇斯（Thespis）的名字后来成为"thespian"，即演员。

"戏剧"在希腊语中意为"表演"。

戏剧演员

表演者和歌队成员都是男性。他们身穿长袍并用面具遮住脸。因此，戏剧表演重在台词而非动作。悲剧人物穿深色服装，滑稽人物穿色彩鲜艳的服装。为了让演员在舞台上更加醒目，演员的服装通常加上衬垫，并且戴着夸张的假发，穿着厚底鞋。

面具

演员们戴着用硬织物或软木制成的彩绘面具。面具上的表情显示了角色的年龄、性别和情感。台上的演员通过将"快乐"的面具转换成"悲伤"的面具，就可以立即改变人物的情绪。表演者甚至可以通过交换面具来变换不同的角色。面具上的表情非常夸张，在剧院后排也能看得清清楚楚。面具上张开的大嘴还有扩音器的效果。

上图：索福克勒斯出色的人物塑造激发了戏剧创作者的想象力。他的戏剧非常有张力，往往具有令观众出乎意料的结局。

下图：阿里斯托芬的喜剧旨在探讨雅典的社会问题，其中不乏对雅典官员的抨击。他的戏剧在舞台上采用了丰富的肢体动作、打动人心的音乐和歌词、有趣的朗诵以及许多滑稽的情节。他的幽默手法打破了当时雅典民主制的道德准则和传统观念，深受民众的喜爱。

古希腊：生活在奥林匹斯山下

古希腊剧院

"观众席"（Koilon）（后来的"剧院"）通常依着山坡的坡度建造成一个半圆形。观众的座位被称为"卡维亚"（Cavea）。其中的第一排（也是最低的一排）座位——"贵宾席"（Proedria）——是为贵宾、来访的高官或祭司保留的。这些座位比普通观众的长椅更加舒适。但无论是贵宾还是普通观众，通常都会自带一些柔软的东西垫在座位上，因为在这些石质座位上久坐会让腰部非常吃力！

演员们可以站在一个被称为"洛盖昂"（logeion）的高台上，从远处观看舞台上的活动。整个舞台覆盖着一个由灯芯草浸在硫黄中制成的平顶（theologeion）。

演出过程中可以点燃一些特殊溶液以产生戏剧性的灯光和烟雾效果。他们还会使用起重装置制造出扮演神的演员从空中"飞"起来的效果。一种轮式平台（ekeclema）可以实现角色的出现或消失的效果。

"尸体"经常出现在悲剧中，以呈现被杀害的角色。一对可旋转的三角形柱子（periaktoi，图中没有显示）可以被用来实现新旧布景的转换。

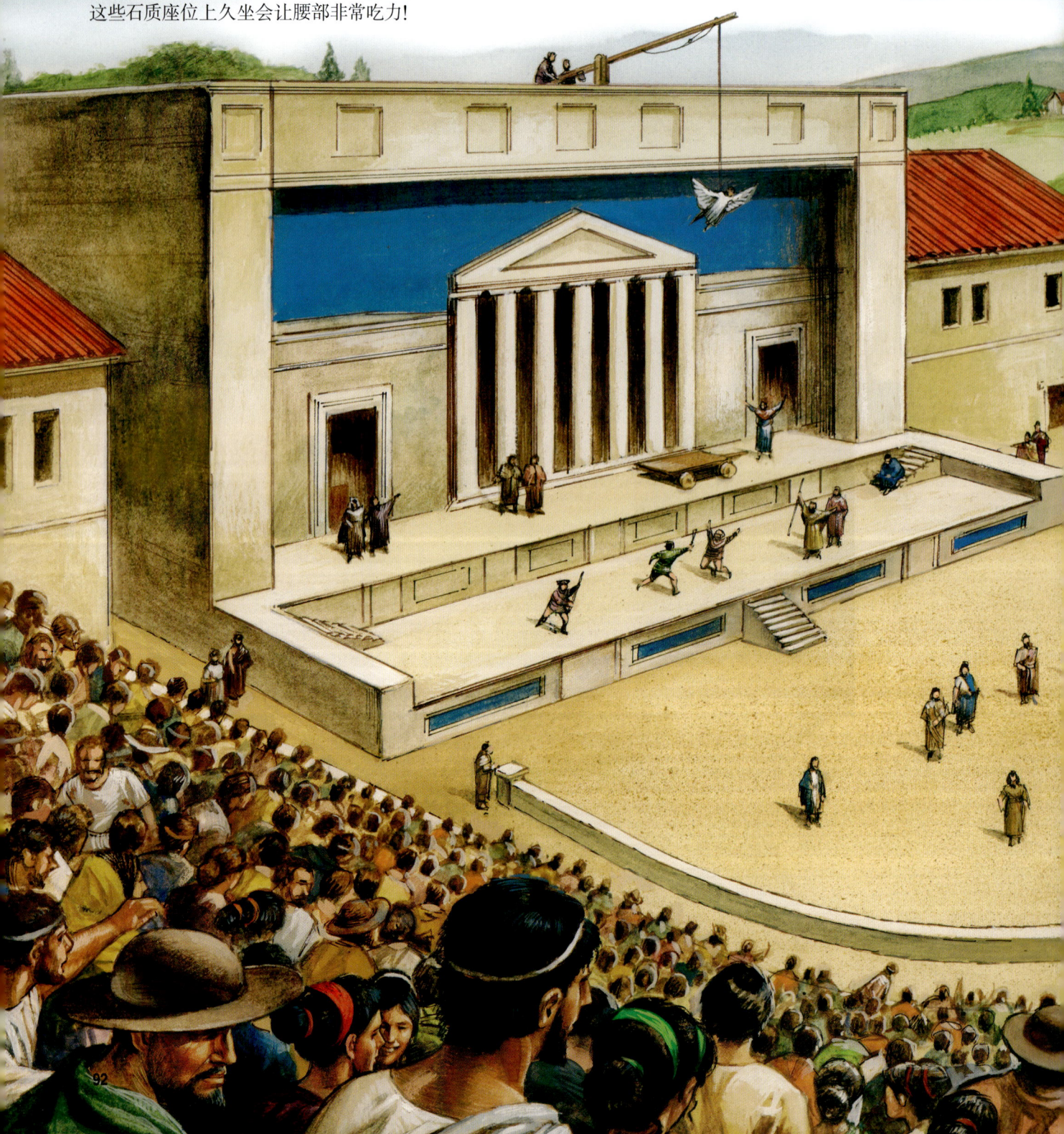

剧院的观众席及座位
起重装置
轮式平台
景屋平顶
景屋
剧院的观众席
洛盖昂 前场
入口通道
乐池
忒米利，即指挥台
贵宾席

希腊各城邦的观众都有自己的固定座位。代币被用作门票，上面的字母表示代币持有人的座位位置。演出票价不贵，而且政府还会为穷人出钱购买门票。

剧院的构成元素

古希腊的剧院也有一些特色。几乎所有的音乐都由三个主要元素组成：乐池（歌队所在位置）、观众席和景屋（skene，背景幕，后来产生了"scene"，即"场景"这个词）。演员们大多数的表演都是在一个被称为"洛盖昂"（logeion）的高台上进行的。乐池位于"洛盖昂"前面，通常是圆形或椭圆形，有时也有长方形的乐池。歌队指挥（korypaios）站在"忒米利"（themili，最初是打谷场的小酒神祭坛）上。

虽然"洛盖昂"是主舞台，但演员们多在它的前部边缘"前场"（proskenion）进行表演。舞台的两侧和后部装饰着彩绘布景板，甚至是永久性的布景墙。等待上场的演员们可以隐藏在布景墙之后。舞台布景上通常描绘着繁茂的林间空地或山顶等场景。

在景屋和观众席之间，有两条"入口通道"（Paradoi）。在戏剧开始时，歌队庄严地列队从这里鱼贯而入。演员们也可以通过这里念着台词或唱着歌步入舞台中央。

戏剧的演出通常采用象征性手法。演员从景屋的左边出场表示他来自乡村，从右边出场表示来自沿海地区或城市。前场有两扇具有象征性的门供演员进场和退场。演员通过它们从前场移动到后场，即位于舞台中央的"洛盖昂"，成为舞台的背景人物。

戏剧将历史栩栩如生地呈现在观众面前

古希腊的戏院主要是宗教庆典的场所，但它通过喜剧和悲剧的形式褒贬时政、抒发人们的各种情感及梦想。古希腊的戏剧生动地呈现了当时普通人及伟人的日常生活。

附录
术语表

卫城：城市的中心，通常位于一座小山的顶部。

内堂：神庙内只有祭司和传达神谕者才能去的一个小小的场所。

阿戈拉：城镇中心的广场。这里最初只是市场，后来成为举行政治会议的场所。

安敦：住宅中只允许男人进入的场所，如餐厅。

执政官：分别担任政府的不同职位的九位最高官员。资历和阅历较老的执政官将成为长老会成员。

贵族："最优秀的"希腊人。

黑绘图案：一种陶器装饰图案，在红色无装饰的陶器上绘制黑色人物。在公元前6世纪，红绘图案的陶器更为流行。

五百人议事会：希腊城邦的管理委员会。这里主要指雅典的议事会成员，他们分别来自十个族群，每个族群五十名成员，形成五百人议事会。每个城市的议事会规模和影响力都有所不同。他们在大会堂里定期召开会议。

内殿：神庙中央的长方形主室，其中伫立着供奉的神像。

希顿：羊毛或亚麻制成的方形长袍，用别针进行固定。

德谟区：城邦内互相独立的地区、村庄或小镇，每个德谟区设有一个地方长官，即德谟长。

德谟（demos，即人民）：一个地区的人民，从中衍生出"民主"这个词。

多利安人：来自希腊北部的人种，公元前1000年以前居住在希腊中部和伯罗奔尼撒半岛，他们的文明取代了迈锡尼文明。

公民大会：每个自由人都可以在每月举行的公开会议上投票，在斯巴达称为"阿佩拉"，即议会。

厄琉西斯：雅典附近的一个地区，那里是神秘节的发源地，定期举行为纪念谷物女神德墨忒尔以及她的女儿科莱的宗教节日。

以弗所：接受军事和宗教训练的18至20岁青年男子。

元老会议：斯巴达长老会，从贵族中选出。

体育馆训练营：训练场所，尤指对以弗所进行军事训练的地点。宫殿或庭院中用于教育和哲学辩论的区域及建筑。

闺房：住宅中女性的居所。

希洛特：斯巴达奴隶，他们属于国家而非个人所有。

希腊化：希腊文化的传播，源于希腊语中"希腊"一词，原指色萨利的一个地区。

赫姆：以赫耳墨斯命名的一种石柱，顶部有赫耳墨斯神的半身像。通常设在城市的十字路口或边界，有时也设在住宅外作为好运的标志，或设在两个城镇之间作为城市的边界。

海泰拉：在艺术、哲学和政治领域受过专门教育并精通音乐和诗歌的女人。只有这些女人可以参加盛宴，这样的男性角色被称为"海泰瑞（hetairo）"。

希玛修：一种羊毛披风。男性穿的短披风称为"克莱米斯"，通常在右肩进行固定。

霍普莱特：全副武装的步兵。他们通常在战斗中形成方阵，手握盾牌进行防卫。

提水罐：一种盛水的罐子，有两个用来提水的把手和一个较大的用来倒水的出口。

弦琴教师：教授七弦琴（即吉他的原型）的音乐老师。

克拉特：一个用来稀释葡萄酒的大罐子或大碗，稀释之后的酒被倒进"奥尼丘"。

一家之主：一个家庭的户主，是家庭中的男性成员，负责保护家里所有的女人。

外邦人：来自其他国家或城市的外来人口。他们不是正式公民，因此不具备投票权。

大都会：字面意思是"母城"，在海外有殖民地的希腊大陆上的一个城邦。

米诺斯文明：公元前3至公元前2世纪发源于克里特岛的文明，以传说中的国王米诺斯命名。它传播到爱琴海周围的其他地区。克诺索斯宫于公元前1400年被摧毁后，该文明逐渐消失。

迈锡尼文明：约公元前1600年开始的希腊文明，以伯罗奔尼撒半岛东北部迈锡尼城而得名。公元前1100年，多利安人入侵希腊，迈锡尼文明由此走向衰落。

奥尼丘：一种装葡萄酒的酒壶。与蜂蜜混合之后的葡萄酒称为"欧诺米洛"。

奥林匹斯神：在奥林匹斯山上由宙斯统治的希腊天神。

神谕者：一位能够预知未来的女祭司。在神话以及现实中，人们来到供奉神谕者的神庙，向传达神谕的女祭司提出问题，女祭司会传达神灵的回答。

教仆：管理或教育孩子的仆人或奴隶。

伯罗奔尼撒半岛：希腊南部半岛，西面毗邻爱奥尼亚海，东面是爱琴海。科林斯湾将其与希腊北部分隔开来。

轻盾兵：一种轻步兵，装备长矛和盾牌。

佩普洛斯：妇女穿的一种包裹身体的长袍。

波斯：一个中东国家，阿契美尼王朝时期入侵埃及，从公元前525年开始统治埃及。公元前490年和前479年，雅典和斯巴达分别击退了波斯对希腊的入侵。

腓尼基人：来自亚洲西岸的人种，即现在的黎巴嫩。早期他们被称为迦南人，公元前15至公元前13世纪被埃及人统治。

宗族：本地家庭，源于"phrater（兄弟）"一词。在每年十月的阿帕托利亚节中，当年新出生的孩子被正式接纳为宗族成员。几个宗族组成一个族群。

氏族：各城邦根据地位和数量划分的城邦人口。雅典共有十个氏族，每个氏族包括三个地理分区（城市、内陆以及沿海）里的人口。

城邦：一个城市或城市及其周边地区。

山门：即"前门"，一扇宏伟的大门，一般通往圣地或宫殿。

普里塔尼：从一个族群中抽取五十人组成的委员会，为了各个族群具有同等地位，普里塔尼每隔一段时间更换一次。

红绘图案：陶器的一种装饰，在黑色底色上凸显红色的装饰图案。这种装饰性器皿在公元前4世纪开始慢慢不再盛行。

圣道：宗教建筑群（如德尔斐）中的一条道路，从入口开始蜿蜒穿过其中的建筑，通向主庙。

智者：游历各地的学者，向孩子传授课程并提供各种科目的辅导。哲学家指责他们总是争论不休。

斯巴达：多利安人在伯罗奔尼撒半岛南部建立起的军事国家。与雅典和其他城邦不同，它由国王统治（同时有两个国王进行统治），并赋予妇女与男性几乎平等的权利。男性公民在7岁时参加军事训练成为霍普莱特，由希洛特在旁协助作战。

柱廊：一种较长的建筑物，内有通向带柱廊走道的房间。也称为"门廊"，有些有第二层。

将军：掌管陆军和海军的军事将领。

宴会：在安敦为男人举行的晚宴。宾客们在其间进行各种娱乐活动、讨论政治或艺术问题，并且享用美酒佳肴。

泰坦巨神：又称为"长者"，克洛诺斯统治的地神，后被宙斯推翻，由此开始天神—奥林匹斯神—的统治。

特洛伊战争：希腊和特洛伊城之间的一场具有神话色彩的战争。这场战争是为了报复帕里斯王子绑架了斯巴达国王墨涅拉奥斯美丽的妻子——海伦而发动的。依照荷马史诗《伊利亚特》中所说，特洛伊战争持续了九年，直到希腊人为特洛伊献上一匹空心木马，希腊士兵乘着夜色从中进入特洛伊城内，由此征服了这座城市。

冥界：死神哈迪斯统治的领地，由三头狗塞伯拉斯守护。

图书在版编目（CIP）数据

古希腊：生活在奥林匹斯山下／（英）诺曼·班克罗夫特·亨特编；赵蓓译．—上海：上海科学技术文献出版社，2024
　　ISBN 978-7-5439-9045-6

Ⅰ．①古… Ⅱ．①诺…②赵… Ⅲ．①文化史—研究—古希腊 Ⅳ．①K125

中国国家版本馆CIP数据核字（2024）第074289号

LIVING IN ANCIENT GREECE

Text and design © 2009 Thalamus Publishing

Copyright in the Chinese language translation (Simplified character rights only) © 2024 Shanghai Scientific & Technological Literature Press

All Rights Reserved
版权所有，翻印必究

图字：09-2020-500

责任编辑：李　莺　付婷婷
封面设计：留白文化

古希腊：生活在奥林匹斯山下
GUXILA: SHENGHUO ZAI AOLINPISISHANXIA
[英]诺曼·班克罗夫特·亨特　编　赵　蓓　译
出版发行：上海科学技术文献出版社
地　　址：上海市淮海中路1329号4楼
邮政编码：200031
经　　销：全国新华书店
印　　刷：商务印书馆上海印刷有限公司
开　　本：889mm×1194mm　1/16
印　　张：6
版　　次：2024年1月第1版　2024年1月第1次印刷
书　　号：ISBN 978-7-5439-9045-6
定　　价：68.00元
http://www.sstlp.com